KB044405

도쿄의 디테일

東京のディテール

일러두기

1. 외국어를 표기할 때 국립국어원에서 정한 외래어 표기법을 따랐습니다. 표기법에 명시되지 않은 단어는 발음 기호를 따랐습니다.
2. 일부 지역명은 국립국어원에서 정한 외래어 표기법을 따르지 않고, 통용되는 표기를 따랐습니다.
3. 영상, 잡지, 전시, 디지털 콘텐츠 등 제목은 홑화살괄호(〈 〉)로, 단행본 제목은 겹화살괄호(《 》)로 묶었습니다.
4. 본문에 사용한 이미지 중 저자가 아닌 개인이 촬영한 사진은 모두 저작권 동의를 얻어 사용했습니다. 출처는 사진 아래 표기했습니다. 사진을 사용하도록 허락해주신 모든 분께 감사드립니다.
5. 유튜브 등 브랜드의 공식 사이트에서 캡처한 이미지는 기업명과 필요에 따라 QR코드, 타임코드(TC)를 기재해 출처를 밝혔습니다.

도쿄의 디테일

東京のディテール

생각노트 지음

book by PUBLY

PROLOGUE - PUBLY

어떻게
성실할 것인가

Tokyo

'디테일'은 한국어로 옮기기에 까다로운 단어입니다. 사전은 '세부 사항'이라 번역하는데 디테일이란 발음이 품은 예리한 맛, 애정과 집착 사이를 유영하는 단어의 뉘앙스가 제대로 전달되지 않습니다. 일과 삶 속에서 디테일의 감각을 중요하게 여기는 이라면 분명 공감할 겁니다.

디테일의 감각은 어떻게 익힐 수 있을까요. 제가 생각하는 최선의 방법은 몸으로 직접 경험해보는 것입니다. 일에 대해서라면, 디테일의 최고봉에 오른 이와 함께 일해보는 시간을 인생에 한 번쯤은 가져보는 게 좋습니다. 예상치 못한 감탄사를 고객이 내뱉게 하고 기대 이상의 성과를 내는 '일 잘하는 디테일'은 분명 존재합니다.

삶도 마찬가지입니다. 소비자로서 돈과 시간을 써야만 배울 수 있는 디테일이 있습니다. 특히 내 돈을 들여 한 차원 높은 디테일의 경험을 맛보고 나면, 뒤로 돌아가기는 쉽지 않습니다. 눈높이가 올라간 소비자의 마음을 계속 사로잡기 위해 상품과 서비스는 무한 경쟁을 벌이고, 시장은 발전합니다. 이러한 디테일의 이면에 자리하는 중요한 가치는 성실함입니다. 《어떻게 일할 것인가》의 저자이자 의사인 아툴 가완디Atul Gawande는 성실함에 대해 "일과 인간 행동에 대해 높은, 어쩌면 불가능해 보이는 기대치를 설정"하는 것이라고 정의합니다. 언뜻 지루하고 하찮게 보일지언정 한계를 극복하고 상황을 개선하려는 어마어마한 노력이 성실함을 만들고, 디테일로 연결됩니다.

저자 생각노트가 도쿄에서 배워온 디테일도 마찬가지입니다. 숨 쉬듯 자연스럽게 도쿄 구석구석의 디테일을 포착해내고, 한국에 사는 우리가 무엇을 생각해야 할지 화두를 던집니다. 2018년 PUBLY에서 목표 대비 1200%가 넘는, 놀랍도록 사랑받는 콘텐츠가 된 까닭은 고객들이 디테일 속의 성실함을 직감적으로 느꼈기 때문이리라 생각합니다. 상상을 초월하는 성실함은 위대하고, 인간은 위대함에 매혹되기 마련입니다. 이 때문에 《도쿄의 디테일》은 생각노트가 아니었으면 불가능한 콘텐츠입니다. 도쿄가 가진 디테일의 다양한 모습을 저자가 가진 성실함으로 한자 한자 옮긴 덕분입니다.

일본을 여행하는 한국인이 매해 최고치를 갱신하는 요즘, 이 책과 함께 새로운 얼굴의 도쿄를 즐기면 좋겠습니다. 덧붙여 디지털 콘텐츠를 종이책으로 새 옷을 입히는 과정에서 눈부신 디테일의 감각을 보여준 출판 파트너 미래엔 박현미 본부장님과 이명연 편집자님 그리고 디테일의 최고봉과 함께 일하는 경험을 12년 전 첫 만남부터 지금껏 내내 누리는 행운을 선사해준 PUBLY CCO 김안나 님에게 고마움을 전합니다.

2018년 11월
PUBLY CEO 박소령

PROLOGUE - 생각노트

길에서 스치는 생각을
길들이는 사람

Tokyo

'기록활동가'.

블로그를 시작하면서 꿈꿔왔던 직함입니다. 일상의 모든 것을 기록하고 그 기록에서 느낀 영감과 통찰 그리고 저의 관점을 다른 사람과 공유하는 일, 그 일을 하고 싶었습니다. 2016년 5월, 생각노트라고 이름을 붙인 블로그를 시작하며 본격적인 '기록 활동'에 들어갔습니다. 1년치 계획을 블로그에 기록했고 블로그가 성장하는 과정을 6개월 단위로 기록했습니다. 어딘가를 다녀오면 그곳에 다녀와서 느낀 점을 꼭 블로그에 글로 남겼고 호감이 생긴 브랜드와 관심이 생긴 트렌드에 대해서는 '왜?', '어떻게?'라는 질문을 던지며 성공과 실패에 대한 분석과 견해를 기록했습니다. 그렇게 기록은 점차 쌓여갔고, 참 감사하게도 그 기록이 다른 사람에게 새로운 관점을 제시하고 영감이 되는 일도 생겨났습니다. 모두 기록의 '힘'입니다.

《도쿄의 디테일》은 2017년 12월 2일부터 6일까지 4박 5일 동안 도쿄를 여행하며 기록했던, 여행에서 이뤄진 모든 발견과 영감에 대한 이야기입니다. 기발한 대상을 발견하거나 지나칠 때, 그것을 놓치지 않기 위해 스마트폰 렌즈부터 들이밀었던 순간들, 생각이 사라지기 전에 메모앱에 일갈했던 아이디어, 시간을 갖고 여유롭게 노트 위에 끄적이며 발전시킨 단상을 모두 이 책에 모았습니다. 그중 대부분은 '고객을 위한 배려' 사례입니다. 고객에 대한 접대 문화가 남다른 일본이기에 가능한 사례와 기록입니다. '이렇게까지 고객을 배려할 수 있을까'에서 '이렇게까지 할 필요가 있을까 싶었던' 것까지 도쿄 여행 내내 사색도 잡념도 깨달음도 많았습니다.

〈도쿄의 디테일〉을 먼저 만난 분들이 있습니다. 2018년 초, 일하는 사람들을 위한 콘텐츠 플랫폼 PUBLY에서 〈도쿄의 디테일〉 펀딩이 띄워졌습니다. 프로젝트 기획안과 미리보기 글 세 편이 펀딩의 시작이었습니다. 최소 발행 조건인 100%만 제발 넘자 했던 기도는 1227%라는 믿을 수 없는 숫자로 돌아왔습니다. 고마움 반, 부담 반으로 원고를 써 내려갔고 2018년 3월 말 디지털 콘텐츠로 〈도쿄의 디테일〉이 독자와 함께 세상에 첫발을 디뎠습니다. 큰 기대에 실망을 끼칠까 걱정했던 마음과 달리 PUBLY 독자는 각자의 방식으로 〈도쿄의 디테일〉을 활용하기 시작했습니다. 〈도쿄의 디테일〉에 나온 순서에 따라 여행을 다녀온 뒤 인스타그램에 인증샷을 올린 분도 있었고 〈도쿄의 디테일〉 속 사례와 저의 제안을 본인의 업에 적용해봐야겠다고 이야기한 분도 있었습니다. 저의 기록이 다른 분의 '직간접 경험'으로 연결되는 모습을 보며 큰 보람을 느꼈습니다. 《도쿄의 디테일》 책을 손에 든 지금의 독자에게도 이 기록이 직간접적인 경험이 되면 좋겠습니다.

많은 분의 도움 덕분에 디지털 리포트와 종이책을 선보일 수 있었습니다. PUBLY 디지털 리포트 〈도쿄의 디테일〉을 제안해주고 프로젝트가 끝날 때까지 잘 이끌어준 최우창 님, 글맛을 살리는 데 큰 도움을 준 박혜강 님, 손현 님에게 고맙습니다. 또 디지털 리포트를 종이책으로 담기까지 고생한 이명연 편집자님, 함께하는 협업에서 늘 많은 것을 배우는 김안나 CCO님, 그리고 PUBLY와 함께할 수 있는 소중한 기회를 주신 박소령 대표님께 진심으로 감사합니다.

도쿄를 이미 다녀온 분에게는 발견하지 못했던 또 다른 도쿄의 모습을, 도쿄 여행을 준비하는 분에게는 도시에서 무엇을 발견하면 좋을지 추려볼 수 있는 책이 되면 좋겠습니다. 저의 기록 활동에 함께 동참해주셔서 진심으로 고맙습니다.

2018년 11월
생각노트

クール 宅急便
冷凍
冷凍
トキワマンサク

Contents

PROLOGUE

D-DAY

DAY 1

DAY 2

DAY 3

DAY 4

P-DAY

EPILOGUE

INDEX

생각노트의 동선

D-DAY Day of Days. '디테일 여행'을 떠나기 전에 준비한 생각.

P-DAY Publishing Day. 다음 '디테일 여행'을 기약하며 다다른 생각.

에피파니를 위한 디테일 가름 기호

편집자의 글

저자인 생각노트는 프로여행가도 도쿄를 제일 많이 아는 사람도 아닙니다. 창업가나 CEO도 아닙니다. 그는 우리네 출퇴근길에 지나치는 평범한 직장인이며, 부지런하고, 필명을 사용하는 게 의뭉스럽기도, 비상하기도 한 '기록활동가'입니다. 인플루언서라 불릴 만큼 유명한 블로그 '생각노트'를 운영하기도 합니다. 이미 프롤로그를 통해 책의 성격을 감지한 독자가 있을 줄로 압니다만 여행을 떠나기 전에 꼭 짚고 싶은 부분이 있습니다.《도쿄의 디테일》은 최신 트렌드를 가장 먼저 전달하는 콘텐츠나 여행을 위한 지침서가 아닙니다. 책에 실린 장소와 요소, 문화와 트렌드는 이미 독자가 방문했거나 알고 있음직합니다. 생각노트는 아무도 모르는 새로운 정보를 기록하지는 않았습니다. 누구나 알 만하거나 들어봄직한 도시 곳곳을 경험했고, 도시의 면면을 한 걸음 더 들어가 살폈습니다. 그 걸음에는 일상에서 갑자기 감각이 트이고, 깨달음이나 통찰이 반짝하는 찰나를 의미하는 에피파니epiphany가 있습니다. 도쿄를 자주 방문하거나 도쿄가 익숙한 독자일수록 문맥 사이에서 생경한 에피파니를 마주하길 편집자로서 바라봅니다. 누군가는 '아는 도쿄' 혹은 '안다고 생각하는 도쿄'라고 시시해할지 모르겠습니다. 독자가 저자보다 더 새롭고 커다란 인사이트를 떠올릴 수도 있습니다. 아무려나 좋습니다. 이 책의 힘은 아는 데 있지 않습니다. 발견한 것을 기록하고 생각한 것을 공유하는 힘이 저자의 연필심이자 책의 핵심입니다. 누구나 도쿄를 통과하며 호감과 호기심을 느낄 수 있지만 모두가 기록을 하지는 않습니다. PUBLY 박소령 CEO가 프롤로그에서 이야기한 '성실함'과 생각노트가 에필로그에서 이야기한 '전달의 힘'을 편집 좌표를 통해 강조하고자 합니다. 마케터, 기획자, 디자이너 그리고 업무에 필요한 디테일 감각과 기록하는 습관을 높이길 원하는 독자를 위해 다섯 가지 키워드를 골라 글을 가름했습니다. 이 책을 읽는 독자의 기록을 다시 책으로 엮을 수 있기를 바랍니다.

● Communication

고객과 나누는 소통을 주제로 한 꼭지. 기획, 연출, 공간 등 고객과 소통할 수 있는 아이디어와 생각들.

● Strategy

방문자의 마음을 사로잡은 사소하지만 강력한 전략들.

● Interview

인터뷰를 담은 꼭지. 생각노트가 디투어d TOUR 프로그램을 경험한 원주희 디자이너를 만났다. 이 책에서 유일하게 생각노트가 아닌 타자가 발견한 디테일을 접할 수 있는 시간.

● Respect

고객을 배려하고 존중하는 도쿄의 배려. 그에 관한 생각노트의 생각.

● Marketing

새로운 기획과 마케팅, 아이디어에 도움이 되는 포인트.

Tokyo

생각과 노트 사이

디테일, 우리를 끌어당기는 중력 ●

왜 여전히 일본에 주목해야 할까? ●

일본 특유의 문화, 오모테나시 ●

디테일에 생각과 아이디어를 더했습니다 ●

디테일,
우리를 끌어당기는 중력

항상 일본을 휴가지로 선택했습니다. 젊을 때 혹은 혼자일 때, 먼 나라를 홀로 여행해보는 게 좋다는 이야기를 듣곤 하지만 2015년엔 오사카를, 2016년에는 후쿠오카를, 2017년에는 오키나와로 떠났습니다. 가장 최근에 다녀온 일본 여행은 2017년 12월, 도쿄입니다. 일본을 좋아하는 이유는 사소한 디테일 때문입니다. 그 디테일이 누군가에겐 보잘것없는 부분일 수 있지만 저에겐 도쿄행 티켓을 끊는 동력이 되었습니다.

편의점 음식. 소소하지만 일본 하면 빼놓을 수 없는 아이템입니다. 처음으로 일본 여행을 간다고 친구들에게 이야기했을 때 다들 편의점에 꼭 가라고 귀띔했습니다. 듣던 대로 일본 편의점은 '신세계'였어요. 우리나라 길거리에서 판매하는 어묵처럼 큰 통 안에 갖은 채소와 어묵이 함께 섞여 계산대 옆에 있었습니다. 그뿐만 아니라 연기가 나는 갓 구운 군고구마도 있었고 커리, 오므라이스, 돈까스, 생선 등 종류가 다양한 도시락을 만날 수 있었습니다. 한참 동안 무엇을 살지 고민하다가 돈부리 도시락 하나를 골랐습니다. 계산을 한 후 바로 숙소로 향했고, 방에 들어오자마자 도시락을 뜯었습니다. 비닐봉지 속에는 도시락 말고 일회용 물티슈와 이쑤시개도 들어 있었어요. 저는 문화 충격을 받았습니다. 일본 편의점은 식사 중인 소비자만 생각하지 않고, 식사 전후의 소비자까지 생각했으니까요. 식사하기 전에는 손님들이 손을 닦을 수 있도록 물티슈를 동봉했고, 식사를 하고 나서는 입안에 찝찝함을 남기지 않도록 이쑤시개를 넣어줬던 겁니다. 여기서 저는 처음으로 일본의 디테일에 반하게 되었습니다.

한국 편의점에서도 일본에서 판매하는 도시락과 비슷한 제품을 판매합니다. 차이는 한 끗. 물티슈와 이쑤시개에 감동한 건, 2015년 오사카 여행에서 일입니다. 그런데도 어제 일처럼 생생한 까닭은 현재 우리나라 편의점에서 살펴보기 힘든 아이디어이기 때문입니다. 저를 비롯해 여러 사람들이 일본을 알수록 좋아하고, 가도 또 가도 매번 일본 여행을 기대하는 까닭은 무엇일까요? 문화, 디자인, 건축 등 자꾸만 찾아가고 싶은 도시에는 숨겨진 힘이 있습니다. 그 힘은 디테일에서 비롯됩니다.

왜 여전히 일본에 주목해야 할까?

3박 4일간의 여행을 마치고 시내에서 공항으로 갈 때였습니다. 일본에서 발견한 신기하고 참신한 아이템을 사 들고 가다 보니 캐리어가 터질 만큼 부풀게 되었습니다. 일본 여행을 다녀온 분이라면 격하게 공감할 겁니다. 당연히 캐리어 무게도 많이 나갔죠. 저는 한껏 부푼 캐리어를 끌고 횡단보도 앞에 섰습니다. 초록불 신호가 켜진 후, 끙끙거리며 캐리어를 끌던 저는 느지막이 횡단보도를 반쯤 건너고 있었습니다. 일본의 디테일에 또 한 번 반한 순간은 이때 찾아왔습니다. 초록불에서 빨간불로 바뀌기 전까지 '다 못 건너가면 어쩌지'라는 생각으로 오직 신호등만 쳐다보며 무한 질주하고 있을 때, 맞은편 사람이 신호등 근처에 있는 어떤 버튼을 누르는 것이 보였습니다. 꺼질 듯 보였던 초록불은 이상하게도 계속 깜빡였고 덕분에 저는 무사히 횡단보도를 건널 수 있었습니다. 나중에야 알았지만, 건너편 사람이 눌렀던 것은 '초록불 신호 연장 버튼'이었습니다.

버튼은 걸음이 느린 어르신이나 짐이 많은 사람이 횡단보도를 건너다가 중앙에 갇히는 사태를 막고, 차량으로부터 이들의 안전을 지키기 위한 '배려'였습니다. 우리나라에서 초록불 연장 장치를 찾기는 쉽지 않습니다. 2017년 5월 군포시가 전국 최초로 이 제도를 도입해 버튼을 설치*했으니까요. 걸음이 불편한 사람이나 빨리 움직이기 힘든 노인은 죄인이라도 된 것처럼 차에서 울리는 경적 소리를 온몸으로 맞으며 길을 건너곤 합니다. 신호등과 횡단보도라는 시스템은 어디서든 동일하게 존재하지만, 작은 포인트에서 큰 차이가 만들어진다는 사실을 저는 일본 현장에서 느꼈습니다.

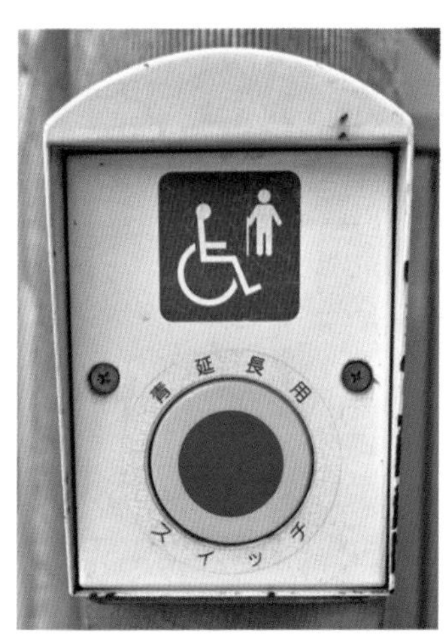

초록불 신호 연장 버튼

신호가 끊기기 전에 보행자가 안전하고 여유롭게 횡단보도를 건널 수 있도록 돕는다. 이는 결국 운전자와 보행자 모두의 안전을 위한 배려다.

©Takamex/Shutterstock.com

---

* 관련 기사: 군포시 전국 최초 '교통약자 안전보행 버튼' (아주경제, 2017.5.11)

디테일에 반한 또 다른 순간은, 껌통을 열었을 때예요. 친구들과 함께 떠난 오키나와 여행에서 맛있게 식사를 한 뒤, 입가심으로 껌을 씹기 위해 편의점에서 자일리톨 한 통을 샀습니다. 저와 친구들은 별 기대 없이 통을 열었습니다. 순간 우리는 감탄했어요. "와 대박이다!"

껌이 들어 있는 통 안에 '껌을 버릴 수 있는 종이'도 함께 있었기 때문입니다. '껌을 버릴 때 이 종이를 활용하세요'와 같은 메시지는 전혀 없었습니다. 그냥 종이였습니다. 하지만 누가 봐도 이 종이의 목적은 껌을 버릴 때 활용하는 것이었습니다.

자일리톨 껌 통 안에 함께 들어 있던 종이

게다가 통에 들어 있던 껌이 많아서였는지, 종이도 넉넉하게 들어 있었습니다. 하나씩 쉽게 뜯어내면서 사용하도록 접착 메모지 방식으로 구성되어 있었습니다. 종이 크기 역시 껌 하나를 씹은 뒤 감싸서 버릴 수 있는 정도의 크기였죠. 이후 알아본 바에 따르면, 2000년대 초반부터 일본에서 판매되는 코팅형 껌의 경우 즉 종이로 개별 포장된 껌이 아닌 경우에는 전부 껌 종이를 함께 제공한다고 합니다. 이때 껌 종이 역시 판매하는 껌의 개수에 비례해 들어 있습니다.

'껌 종이'는 이미 일본에서 보편화된 아이템이지만, 아직 국내에서는 제가 경험하지 못했던 디테일이었습니다. 함께 여행한 친구들도 모두 같은 반응이었습니다. 이처럼 일본은 한발 더 나간 배려와 디테일로 새로운 고객 경험을 만들어냈습니다. 그래서 저는 이런 사례들을 둘러보고 한번 시도해보는 것만으로도 상품이나 서비스를 이용하는 사람들이 큰 차이를 느낄 수 있을 거라고 생각했습니다. 이것이 여전히 우리가 일본에 주목해야 하는 이유가 아닐까요?

일본 특유의 문화,
오모테나시

오모테나시는 상대방에 대한 단순한 친절이 아니라
친절을 베푸는 상대를 미리 헤아려 마음 씀씀이를 행하는 것,
그리고 그 마음을 받아들일 만한 환경과 상황까지
미리 준비하는 것이라 이해된다.

최한우, 《오모테나시, 접객의 비밀》(스리체어스, 2017)

2017년, 《오모테나시, 접객의 비밀》이라는 책으로 출간되기도 하며 화제를 몰고 온 일본만의 특수한 문화가 있습니다. 바로 '오모테나시おもてなし'라는 문화인데요. 《오모테나시, 접객의 비밀》에 따르면 오모테나시의 사전적 의미는 다음과 같습니다.

신(神)에 대한 감사의 의미를 최대한 표현하는 것
손님에 대한 환대
손님에 대한 고치소우ごちそう*
온 마음을 다하여 손님을 맞이하는 것

* 손님을 향응함, 또는 그 대접을 가리키는 일본어.

이 사전적 정의를 해석해보면, 기본적으로 '신과 손님이 서로 같다'는 철학이 깔려 있습니다. 그렇기에 오모테나시는 손님을 신처럼 대우하며, 손님이 처한 환경과 태도까지 고려해 온 정성을 쏟는다는 일본의 대표적인 접객 문화라고 볼 수 있습니다.

일본은 이런 고유한 문화적 특성 덕분에 사회와 서비스 곳곳에 고객을 진정으로 이해하고 배려하는 장치들이 자연스럽게 스며들었습니다. 자세히 살펴보면 그런 사례가 꽤 많이 있습니다. 하지만 아쉽게도 일본 여행 리뷰나 가이드북에서는 이런 디테일이 담긴 사례를 찾기가 어려웠습니다. 물론 각자의 관점과 역할이 있다 보니 사소한 디테일은 부가적인 정보로 치부되어 다루기 힘들 수도 있습니다. 그래서인지 저는 고객을 향한 사소한 디테일이 살아 있는 사례를 기록하고, 더 많은 사람과 그 기록을 공유하고 싶었습니다. 또 우리나라 곳곳에서도 이런 사례가 생겨나 고객에게 새로운 감동을 선사하는 비즈니스가 늘어나면 좋겠다는 희망도 가졌습니다. 그래서 '도쿄의 디테일'을 들여다보고자 합니다.

디테일에 생각과 아이디어를 더했습니다

저는 평소에 메모 앱을 적극적으로 활용합니다. 기억력이 좋지 않아 메모해두지 않으면 잘 잊어버리고, 나중에 글을 쓰거나 아이디어를 떠올릴 때 소스가 필요하기 때문이기도 합니다. 제가 메모하는 기준은 딱 세 가지입니다.

❶ 기존에 보지 못했던 기발한 아이디어나 디테일
❷ 아이디어나 디테일을 기반으로 떠올린 영감과 인사이트
❸ 영감과 인사이트를 공유했을 때 정보 가치가 생기고,
새로운 아이디어를 일으킬 수 있는 것

《도쿄의 디테일》에는 메모 앱에 적었던 1번 사례뿐만 아니라, 2번에 적은 영감과 아이디어도 함께 이야기해보려 합니다. 각각의 사례가 업業에 적용하면 어떻게 보일지, 다양한 방향에 비추어볼 때 어떤 시도가 가능할지와 같은 '가정'에 기반해 제 나름대로 그려본 상상을 독자들에게 소개하고자 합니다. 비록 제가 일본에 통달한 전문가는 아니

지만, 젊은 마케터이자 기획자의 관점에서 바라본 일본의 모습을 소개하고 싶습니다. 열정을 핑계 삼아 이곳저곳 돌아다니며 열심히 모아본 디테일 이야기와 제가 운영 중인 생각노트 블로그insidestory.kr에서 지금까지 다룬 글과 같이 저만의 인사이트가 담긴 주관적인 해설을 담고자 합니다. 저만의 상상을 바탕으로 비즈니스에 접목 가능한 아이디어를 제안하는 디테일 여행에 함께 동행해주셔서 반갑고, 고맙습니다.

Tokyo

나리타 공항, 이토야, 키테

●○○○○ DAY 1

사소한 불편에서 출발한 에어서울과 나리타 익스프레스

©Lukas Gojda/Shutterstock.com

처음으로 집중해서 들은 항공기 안전 수칙

비행기에 탑승한 후 이륙을 기다리고 있었습니다. 비행기를 처음 탔을 때 느낀 설렘은 생생하지만, 해외여행이 잦아지면서 비행기를 타는 일이 늘어나자 그 감정은 익숙해진 지 오래입니다. 가방은 짐칸 위에 올렸고, 이어폰과 보조 배터리만 손에 쥔 채 자리에 앉아 안전띠를 매고 대기하고 있었습니다.

비행기 이륙을 준비할 때 느낀 특이점은 없었습니다. 모든 승객이 자리에 앉은 다음, 승무원들은 상단의 짐칸 문을 닫고 이어서 비행기 문을 닫습니다. 이후 '항공기 안전 수칙' 안내가 진행됩니다. 많은 사람이 떠올리는 '항공기 안전 수칙 안내'는 승무원들이 통로 중간에 선 뒤 방송으로 흘러나오는 목소리에 맞춰 같이 설명해주는 장면일 겁니다. 아직도 많은 항공사가 이런 방법으로 안내를 하고 있죠. 하지만 이 시간 동안 승무원에게 집중해본 경험은 드물었고, 안내를 듣고 난 뒤에도 그다지 기억에 남지 않았습니다. 이러다 혹시 사고라도 나면 저 설명을 전부 기억해낼 수 있을까 걱정이 되는 부분도 있었습니다. 안내 시간에 온 집중을 다해 설명을 들어도 이해하기가 쉽지 않았죠. 이런 아쉬움은 '이 시간이 과연 누구를 위한 것일까'에 대한 생각으로 이어졌습니다. 이번 도쿄 여행 역시 다른 때와 마찬가지로 안전 수칙 듣는 시간을 무의미하게 보내겠거니 생각했습니다. 그러면서 승무원들이 중간 통로로 나올 모습을 상상하고 있었죠. 어찌 된 일인지 예상과 다르게 승무원들이 나올 기미는 전혀 보이지 않았습니다. 뭔가 이상하다는 생각이 들 때쯤 이런 방송이 들려왔습니다.

"지금부터 네이버 웹툰과 컬래버레이션으로 만든
항공기 기내 안전 수칙 영상을 감상하시겠습니다."

무슨 말인가 싶어 두리번거리고 있을 무렵, 좌석 앞에 설치돼 있던 디스플레이에서 영상이 재생되기 시작했습니다. 항공사 에어서울이 네이버 웹툰과 함께 제작한 항공기 안전 수칙 영상이었습니다. 〈오렌지 마말레이드〉, 〈마음의 소리〉, 〈하나의 하루〉 등 네이버 웹툰을 대표하는 만화들의 주요 캐릭터들이 등장하여 기내 안전 수칙을 설명해주었습니다.

평소에 잘 알고 있던 웹툰 캐릭터들이 등장하자 사람들은 영상에 집중했습니다. 저를 비롯해 많은 사람이 자신이 알거나 좋아하는 웹툰 캐릭터가 등장하면 이름을 부르며 반가워했습니다. 특히 어린아이들이 좋아했는데, 영상 속 산소마스크를 쓰는 장면을 보고 한 아이는 실제로 기내 산소마스크가 있는 위치를 손으로 가리키며 엄마, 아빠에게 산소마스크에 대해 질문을 하기도 했습니다.

영상 '[네이버웹툰×에어서울] 기내안전영상 공개!' 중 타임코드(이하 TC) **00:20, 02:01 장면** ©WEBTOON TV/YouTube

이 영상은 승무원과 승객 모두에게 긍정적인 효과를 가져다주었습니다. 승무원들은 바쁘게 이륙 준비를 하다가 굳이 중간 통로로 나와 설명해야 하는 수고를 덜었고, 승객들은 무의미하다고 여겼던 안전 수칙 안내 시간을 새로운 즐거움으로 받아들이며 내용을 충분히 인지할 수 있었습니다. 이 사례에서 보듯, 법규에 따라 의무적으로 실행해야 하는 부분을 굳이 '딱딱하게' 진행할 필요는 없습니다. 안전 수칙 안내 시간을 조금 다른 방향에서 바라보면, 항공사의 고유 콘텐츠를 승객이 '의무적으로' 소비하는 시간이 됩니다.

이는 기내 안전 수칙 안내가 승객의 의사에 따라 선택할 수 없는, 법정 조건 안에서 주어진 필수 시간이기 때문입니다. 에어서울은 그 시간을 자신들의 고유한 콘텐츠를 소비할 기회로 활용했고, 그 결과 승무원과 승객 모두가 윈윈win-win하는 시간을 가졌습니다.

분명 이 영상을 만들 때 '어떻게 하면 승객들이 안전 수칙을 더 집중해서 듣고, 잘 이해할 수 있을까?'라는 고민을 했을 겁니다. 종전과 같은 방식으로 진행해도 상관없으나 더 나아지기 위한 고민이 있었기에 이런 기획이 나오지 않았을까요? 그런 고민만이 새로운 차별점을 만드는 법이니까요.

저가 항공사의 차별화 전략은 무엇일까?

자꾸 PPL* 광고가 될 것 같아 언급을 자제하려 했으나, 이번 도쿄 여행을 떠나며 이용했던 항공사에 대해 솔직하게 써보고자 합니다. 저는 일본 여행을 다니면서 불필요한 서비스를 뺀 대신 가격이 저렴하다는 매력 때문에 저가 항공사를 많이 이용했는데요. 한 가지 불편한 점이 있다면 '좁은 좌석'이었습니다. 지인들의 후기나 블로그 리뷰 등을 살펴봐도, 저가 항공사의 가장 큰 단점으로 꼽히는 것은 좁은 좌석이었습니다. 이것은 수익성을 위한 항공사의 불가피한 선택이기도 합니다. 저렴한 가격으로 티켓을 판매하다 보니 한꺼번에 많은 인원을 수송해야 하기 때문입니다. 사정은 충분히 이해하지만, 고객 입장에서 불편함을 느끼는 것도 사실입니다.

이번에 이용한 저가 항공사의 경우, 좌석 앞뒤로 넓은 공간을 갖추고 있었습니다. 지금까지 이용해본 그 어떤 저가 항공사보다도 좌석 앞뒤 간격이 넓었습니다. 대형 항공사와 견주어도 큰 차이가 없을 정도였죠. 나중에 살펴보니, 이 항공사도 '넓은 좌석'을 항공사의 최대 장점으로 내세우는 듯했습니다. 이뿐만 아니라, 전 좌석에 디스플레이가 설

---

* product placement advertisement. 영상 콘텐츠에 제품, 상품, 로고 등을 보여주면서 무의식적으로 사람들에게 홍보하는 마케팅 전략 중 하나. 본 책에서는 간접 광고의 의미로 쓰였다.

치되어 있었고 USB를 충전할 수 있는 시설도 갖추어져 있었습니다.

이를 보며 두 가지 생각이 들었습니다. 첫 번째는 처음 저가 항공사가 등장한 이유가 대형 항공사의 비싼 티켓 가격 때문이었다면, 신흥 저가 항공사는 기존 저가 항공사가 지닌 불편함으로 인해 등장했다는 사실입니다. 이 부분을 넘어설 승산이 있다고 판단한 거죠. 어떤 서비스든 단점은 항상 있는 법이고, 그 단점을 노리고 신흥 강자들이 등장하는 것이 비즈니스 세계의 절대 원칙이기 때문입니다. 다시 말해, 다른 요소들은 만족스러운 기존 저가 항공사의 최대 단점이 '좌석 편의성'이라면, 이를 차별점으로 삼아 빠르게 성장할 수 있기 때문입니다. 제가 이용한 신흥 저가 항공사가 얼마나 성장할 수 있을지는 모르겠지만, 다음에 어떤 저가 항공사를 또 이용하고 싶으냐는 질문에 단연코 저는 이 항공사를 선택할 예정입니다. 두 번째는 USB 충전 인프라가 갖는 의미였습니다. USB의 전력 소모량은 생각보다 크지 않습니다. 처음 설계할 때부터 고려한다면 USB 충전 포트 자체에 큰 비용이 들어가지도 않죠. 이제는 디지털 기기 충전이 필수인 시대입니다. 그러다 보니 USB 충전 인프라를 갖춘 환경이 고객에게는 큰 혜택으로 다가올 수 있습니다. 이것만으로도 고객은 '와, 정말 필요했던 건데 제공해주네'라고 느낄 것입니다.

2017년에 새로 생긴 프리미엄 우등 버스나 SRT 열차를 보면 좌석마다 USB 충전 포트가 내장되어 있습니다. 블로그 리뷰를 살펴봐도 USB 충전 포트가 있어 좋았다는 의견이 많았죠. 작은 투자지만 고객에게는 큰 혜택으로 다가올 수 있는 디테일 중 최신 설비가 반영된 것이 USB 충전 포트가 아닐까 생각했습니다.

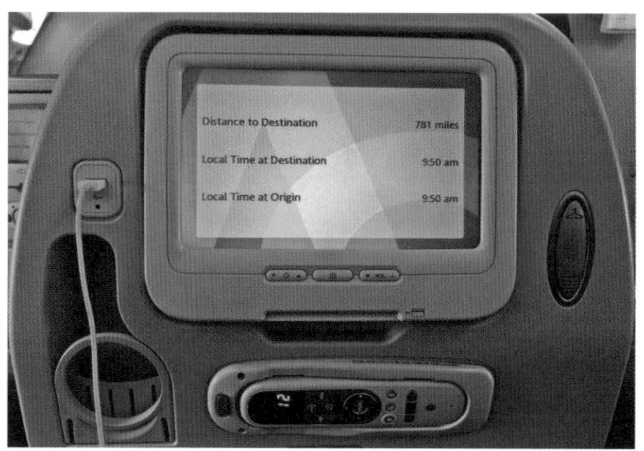

좌석마다 USB 충전을 할 수 있도록 해둔 항공기 내부

캐리어를 두고도 편히 잘 수 있었던 이유

나리타 공항에서 도쿄 시내로 들어가려면 생각보다 오랜 시간이 걸립니다. 넉넉잡아 한 시간 삼십 분 정도 잡아야 하는 꽤 먼 거리죠. 저는 나리타 익스프레스N'EX를 이용해 도쿄 시내로 들어가기로 했습니다. 숙소 바로 앞에 나리타 익스프레스가 정차하는 역이 있었고, 나리타 익스프레스를 꼭 한번 타보라는 주변 사람들의 추천도 있었기 때문입니다.

처음 나리타 익스프레스에 올라탔을 때는 특별한 점을 찾기가 어려웠습니다. 보통의 열차, 그 이상 그 이하도 아니었죠. 하지만 이것을 보는 순간, 나리타 익스프레스가 공항 열차라는 사실을 새삼 깨달았습니다. 바로 열차의 각 량 뒷부분에 설치된 '캐리어 셀프 잠금 시스템'이었습니다. 대부분의 도시에서 열차는 공항에서 시내로 들어가거나, 반대로 시내에서 공항으로 가기 위해 이용하는 보편적인 수단입니다. 저 역시 캐리어를 끌고 열차에 탑승했던 경험이 의외로 많았습니다. 그때마다 한 고민은 '캐리어는 어디에 둘까'였습니다. 짐칸이 별도로 있긴 하지만 그냥 뒀다가는 누군가 가져갈 것 같았고, 그렇다고 자리 옆에 놔두자니 부피가 커서 다른 사람에게 폐를 끼칠 수도 있었기 때문입니다. 마지막 방법으로 자리 위에 있는 공간에 캐리어를 올리는 것도 있으나, 무게 때문에 쉽지 않은 적도 상당히 많았습니다. 그래서 저는 해외여행을 다닐 때 반드시 '여행용 자물쇠'를 가지고 다녔습니다. 짐칸에 있는 철봉 같은 곳에 캐리어를 함께 묶어두려는 목적이었는데, 여간 불편한 게 아니었습니다. 열차에 탑승하기 전에 자물쇠를 별도로 챙기고, 열차에서 내린 후에는 가방에 다시 넣어야 했으니까요. 그렇지만 짐을 잃어버리면 무조건 제 손해이기 때문에 별도의 보안 장치가 여행객의 필수품인 줄 알았습니다.

이처럼 당연하게 생각했던 여행객의 역할 앞에서 나리타 익스프레스는 '그건 우리가 해줄 수 있어'라고 이야기하는 듯했습니다. 캐리어 셀프 잠금 시스템의 사용법은 꽤 간단합니다. 잠금함을 열면 긴 줄이 나오는데, 그 줄을 캐리어 손잡이 밑으로 한 번 통과시킨 뒤 줄 끝을 다시 잠금함

나리타 익스프레스에 설치된 캐리어 셀프 잠금 시스템

에 걸고 뚜껑을 닫아주면 됩니다. 이후 원하는 비밀번호를 설정하고 잠금으로 버튼을 돌려주면 끝입니다.

열차를 이용하는 고객 중에는 배낭여행객이 특히 많습니다. 나리타 익스프레스는 고객들이 가지고 다니던 자전거 자물쇠를 대신 서비스하면서 고객 경험을 늘린 것입니다. 지금은 흔해졌지만, 마트에서 상자를 포장해 그 안에 짐을 넣어가는 방법도 처음에는 분명 기발한 아이디어였을 겁니다.

고객들이 마트에서 장을 본 물건을 집으로 가져가야 하는데, 들고 나르려면 장바구니나 이동식 짐 캐리어를 항상 챙겨야 했던 겁니다. 이를 지켜본 누군가가 어차피 배송용으로 쓰고 버리는 상자를 고객의 '장바구니'로 제공하자는 아이디어를 내지 않았을까요? 상자 포장이 생긴 후, 고객들은 지금까지 당연히 챙겨야 했던 장바구니를 가지고 오지 않아도 됐습니다. 그리고 이것은 모든 마트에서 볼 수 있는 고객을 위한 기본적인 배려가 되었습니다.

여기서 더 나아가 일본 대마도에 있는 대형 마트에서는 과실주 호로요이ほろよい를 상자 단위로 판매하면서, 이를 두 손으로 안고 가야 하는 고객을 위해 '부착형 손잡이 스티커'를 함께 제공합니다. 덕분에 상자를 두 손으로 안고 가야 하는 고객들은 이 스티커를 상자에 부착해 편하게 가져갈 수 있게 되었습니다. 어느 누군가는 장바구니를 들고 다

녀야 했던 소비자의 불편을 발견해 상자 포장을 제안했고, 이를 본 누군가는 다시 무거운 상자를 힘들게 가져가야 하는 소비자의 불편을 보고 부착형 손잡이를 제안한 것입니다. 오늘 하루 오프라인 매장 또는 공간에 고객들이 반드시 들고 와야 하는 것이 무엇일지 고민해보면 어떨까요? 사업자가 이를 대신 제공해주는 포인트를 찾는다면, 경쟁사와 차별점이 생길 수도 있습니다. 특히 마트 상자 포장대 옆에서 부착형 손잡이를 무인 판매한다면, 이 또한 새로운 수익 창출 수단이 될 수 있지 않을까요? 어느 마트에서 가장 먼저 도입할지 궁금해집니다.

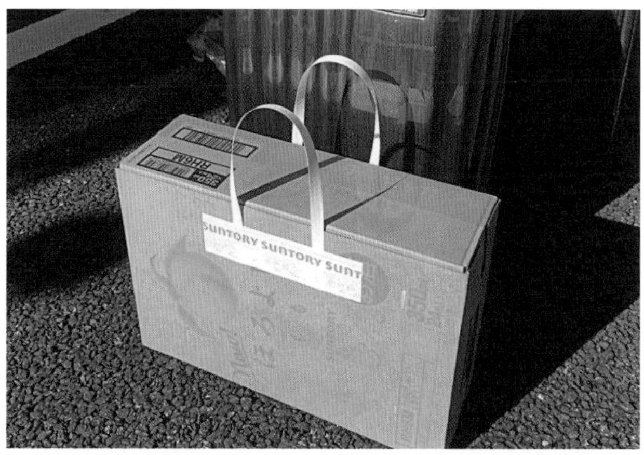

무겁고 부피가 큰 상자를 두 손으로 안고 가야 하는 고객을 위해 '부착형 손잡이 스티커'를 제공한 대마도의 한 대형 마트 ©양대규/metroro

YOU ARE HERE

저는 낯선 공간에서 겁과 기우가 많아지는 성격이라 해외에서는 항상 구글 지도와 함께합니다. 탑승한 기차나 버스가 제대로 된 방향으로 가는지 구글 지도를 통해 실시간으로 확인하는 편이죠. 나리타 익스프레스를 탑승할 때도 마찬가지였습니다. 제대로 된 목적지로 가고 있는지, 그리고 얼마만큼 왔는지 구글 지도로 계속 확인했습니다. 중간쯤 왔을 무렵, 올바른 방향으로 가고 있다는 안도감이 들었고, 열차 위에 설치된 디스플레이를 본 뒤에는 '와'라는 소리가 절로 나왔습니다.

구글 지도에 나오는 현재 위치처럼 지도와 전체 노선도 위에 제가 탑승한 나리타 익스프레스가 어디까지 왔는지

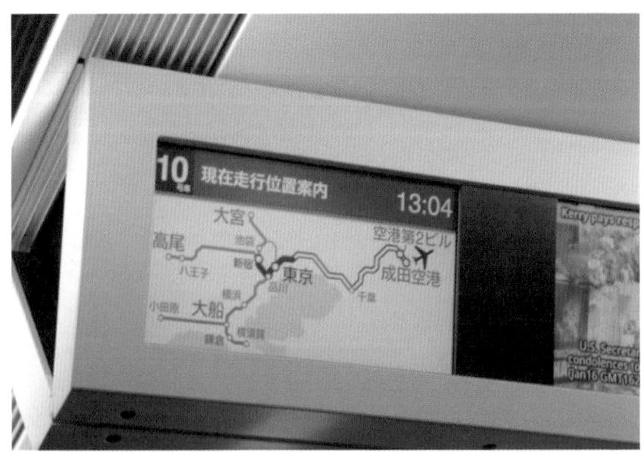

지도를 기반으로 현재 위치를 보여주는 디스플레이 ©한성현/poptjdgus

보여주며, 현재 위치에 '유 아 히어You are here'라고 표시해 주고 있었기 때문입니다.

이 아이디어의 제안자는 분명 여행을 많이 해본 사람일 거라는 생각이 들었습니다. 여행객이 아니고서는 알아차리기 힘든 기능에 대한 요구가 담겨 있었기 때문입니다. 대부분 열차는 역 이름을 중심으로 '어디 역을 향해 가고 있다, 다음은 무슨 역이다' 정도만 알려줄 뿐입니다. 하지만 이런 설명은 여행객 입장에서는 이해하기 어렵습니다. 여행객은 해당 도시의 역 이름에 친숙하지 않기 때문이죠. 그래서 역 이름이 나오면 노선도를 꺼내 보고 역 이름부터 찾기 시작합니다. 해당 역이 어디쯤 있는지 모르는 경우도 많습니다.

이럴 때 대부분 디스플레이에 나오는 역 이름을 구글 지도에서 다시 찾아보는 과정을 거칩니다. 그러고는 역의 위치를 파악함과 동시에 자신의 도착지에 얼마만큼 가까워졌는지 계속 확인해보게 되죠. 나리타 익스프레스에서는 지도와 위치를 알려주는 디스플레이 덕분에 그런 불편함이 없었습니다.

이동수단이 지향해야 할 새로운 고객 경험

현대인은 이동수단에서 상당히 많은 시간을 보냅니다. 기차, 버스, 지하철과 같은 교통수단을 이용할 때는 물론이고, 자율주행 시대가 열리면서는 차 안에서도 다른 생산적인 일을 할 수 있게 되었죠. 이동수단은 '이동'이라는 목적성을 가지고 있습니다. 그리고 더 나아가 이동 중인 고객이 어떤 것을 요구하는지 계속 고민한 결과, 재미있는 차별점이 등장했습니다.

글로벌 장거리 버스 업체로 유명한 메가버스Megabus도 이동수단의 고객 편의성을 높인 대표적인 사례입니다. 메가버스는 장거리 버스 이동에 차별화된 고객 경험을 접목하여 기존 관념을 탈바꿈해 큰 주목을 받았습니다. 일반 버

메가버스 ©Megabus

스와 달리 브랜드 콘셉트가 묻어나고 즐거운 느낌으로 여행할 수 있도록 버스 내외부를 디자인했으며, 좌석마다 무료 와이파이와 전기 콘센트를 제공하여 장거리 여행 경험이 지루하지 않도록 했습니다.

국내 고속버스 회사들이 도입한 '도착 예정 시간' 디스플레이 안내도 고객 편의성을 높인 사례입니다. 저는 고향이 지방이다 보니 버스로 이동할 때가 많은데, 그럴 때마다 항상 도착 예정 시간이 궁금했습니다. 자동차 내비게이션에는 현재 주행속도에 비추어볼 때 언제 도착하는지 알려주는 예상 시간이 나오는데, 버스에도 어느덧 적용이 되어 고객 만족도를 끌어내고 있었습니다. 또 얼마 전, 지하철 앱을 사용하던 중 디테일한 기능을 알게 되었습니다. 지금까지 지하철 앱을 사용하면 환승 시에만 가장 빠르게 갈아탈 수 있는 칸을 알려줬는데, 제가 사용해본 지하철 앱은 '출구'를 기준으로 어느 칸에 탑승하면 가장 빠르게 밖으로 나갈 수 있는지 알려줘서 유용했습니다. 칸을 잘못 타면 원하는 출구로 나가기 위해 역사 끝에서 끝까지 걸어가는 비극이 종종 일어나는데, 이런 기능 덕분에 효율성을 높이고 궁금했던 점도 해결했습니다.

분명 앞으로도 공간을 이동하는 일은 계속 많아질 것이며, 우리는 그 목적을 위해 교통수단을 꾸준히 이용할 것입니다. 오늘 하루 동안 이동하면서 어떤 것을 꼭 챙겨야 했는지, 또 어떤 점이 불편했는지 메모해보는 건 어떨까요? 그런 사소한 의견이 모이면 새로운 변화가 될 수 있습니다. 제 경우에는 지하철의 어느 칸에 사람이 붐비는지, 어느 칸에 사람이 덜 붐비는지를 탑승 전에 앱으로 먼저 알 수 있다면 좋겠다는 아이디어를 떠올렸습니다. 요즘은 버스 정류장의 전광판에 오고 있는 버스의 붐비는 정도를 여유, 보통, 혼잡으로 나누어 보여줍니다. 여행을 하며 이 아이디어를 지하철에도 도입해보면 좋겠다는 생각을 했습니다. 제가 탔던 칸은 엄청 붐비는 데 비해 한 칸만 옆으로 이동해도 붐비지 않았던 경험이 많았기 때문입니다. 여행을 다녀온 후 실제로 우리나라 지하철에서도 객실별 혼잡도를 보여주는 서비스를 시행했습니다. 누군가 저와 같은 아이디어를 떠올렸고, 실행에 옮긴 것이겠지요?

여러분에게는 어떤 사소한 아이디어가 있을지 궁금해집니다. 지하철, 버스, 택시 등 매일 이용하는 대중교통에서 불편했던 점을 떠올려보고 이를 해결하기 위한 기능을 생각해보면 어떨까요? 어찌 보면 우리 스스로가 가장 순수한 사용자일 수 있으니까요. 그리고 이런 접근과 시도는 사용자를 이해하는 사고를 키워줄 수 있을 것입니다.

●○○○○ DAY 1

고객의 마음을 흔드는 문구 백화점, 이토야 1

왜 많은 브랜드가 문구류에 주목할까?

도쿄에서도 특히 번화가로 불리는 곳 중 하나인 마루노우치와 긴자를 다녀온 사람이라면 이곳을 꼭 둘러본다고 합니다. 바로 이토야Itoya라는 문구점입니다.

문구점이라는 단어 때문에 주변에서 찾기 쉬운 동네 문구점을 떠올릴 수도 있지만, 이토야는 동네 문구점과는 비교가 안 될 정도로 큰 대형 문구점입니다.

1904년 개업한 이토야는 100년이 넘는 시간 동안 일본 문구류 시장을 선도하는 문구 판매 전문점입니다. 2018년 10월 기준, 도쿄에서는 마루노우치점을 포함하여 총 여덟 개 매장을, 요코하마에서는 두 개 매장을 운영하고 있습니다. 현대사회가 점차 디지털 시대로 변해가는 와중에도 이토야는 아날로그 문구의 가능성을 보여주며 승승장구하고 있습니다. 그러다 문득 왜 일본의 많은 브랜드가 문구류에 주목하고 있는지 궁금해졌습니다.

이번에 방문한 이토야를 포함해 무인양품도 문구류 카테고리 확장에 심혈을 기울이고 있었습니다. 또 일본의 대표 서점인 츠타야TSUTAYA는 2011년부터 문구잡화류를 취급하기 시작하여 2017년 9월 말 기준으로 문구잡화류를 다루는 점포가 300개를 돌파했으며, 2019년 3월까지 500개로 확대할 예정이라고 밝혔습니다.

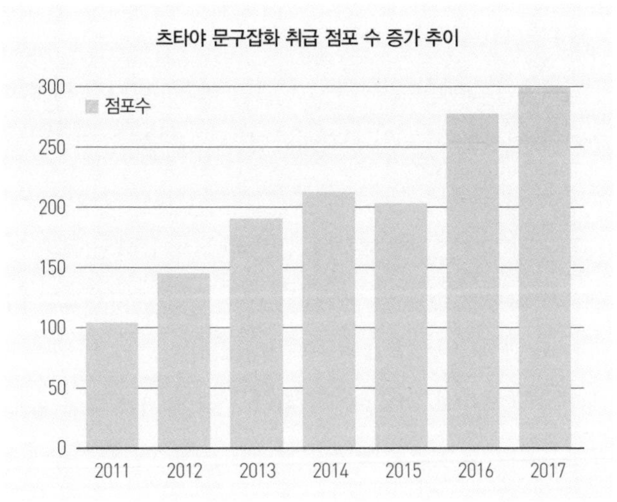

출처: 츠타야 보도자료

이쯤 되면 분명 문구류에 주목할 만한 이유가 있다고 생각했습니다. 문구의 최대 장점은 정서적 경험을 할 수 있는 비교적 저렴하고 간편한 재화라는 것입니다. 아날로그를 대표하는 카테고리인 문구는 디지털이 전달할 수 없는 정서적인 경험을 줄 수 있습니다. 이것이 중요한 이유는 브랜드에 대한 호감과 정서적 경험은 매우 밀접한 관련이 있기 때문입니다. 우리가 선호하는 브랜드를 떠올려보면 이성적인 부분보다 감성적이거나 정서적인 부분이 이유를 차지하는 경우가 훨씬 많은 것도 같은 맥락이죠.

결국 마음이 흔들려야 호감으로 이어질 수 있기 때문입니다. 그렇기에 비교적 저렴한 가격으로도 브랜드 정체성을 알리고 충성도를 끌어낼 수 있는 카테고리가 문구입니다. 또 오프라인 매장에 들어와 비용이 크게 부담되지 않는 선에서 무언가를 구매할 수 있는 상품이기도 하죠. 아무것도 구매하지 않은 채 구경만 하고 매장에서 나오는 것과 무언가를 구매해 생활 속에서 사용하는 것은 큰 차이가 있습니다. 문구는 찾아온 고객을 조금 더 쉽게 자사 브랜드의 진짜 소비자로 만들 수 있는 핵심 카테고리인 셈입니다.

이토야의 카테고리는 층으로 나뉜다

이토야에 들어서면 큰 디스플레이 안내판이 가장 먼저 눈에 띕니다. 이 안내판은 총 12층으로 구성된 이토야 본점의 각 층에서 무엇을 만날 수 있는지를 한눈에 보여줍니다. 이내 고객은 각 층이 이토야 문구점이 다루는 각각의 카테고리라는 사실을 깨닫게 됩니다.

층을 이동할 때에는 에스컬레이터를 탑니다. 서서히 올라가면서 해당 층의 카테고리명을 먼저 만나게 됩니다. '레터LETTER, 크래프트CRAFT, 파인 페이퍼FINE PAPER'와 같은 단어가 눈에 들어오게 되죠. 이런 분류는 이토야 매장의 해당 카테고리가 어떻게 꾸며져 있을지 에스컬레이터를 타며 잠깐 상상하게 합니다. 해당 층에 도착해 매장으로 들어서면 이전에 경험한 문구점과 다른 모습에 놀라게 되죠. 층별로 다른 콘셉트와 카테고리에 최적화된 인테리어가 감탄사를 자아내게 하고, 고객은 이토야의 매력에 곧바로 빠져듭니다.

이토야에서 각 층의 콘셉트는 명확합니다. 이토야는 총 열두 개 층으로 나누어져 있으며, 층마다 각각의 모습으로 고객을 맞이합니다. 하나의 층은 그리 크지 않은 규모였지만, 층으로 카테고리를 나누고 수직화된 구조로 건물을 구성하다 보니 한 층씩 올라가는 재미가 있었습니다.

G.Itoya

FLOOR GUIDE

Floor			
12	CAFE カフェ	アメリカンスタイルカフェ	
11	FARM ファーム	野菜工場	
10	BUSINESS LOUNGE ビジネスラウンジ	ビジネスラウンジ(要予約)	HandShake Lounge
8	CRAFT クラフト	ラッピング 和紙 折り紙 スクラップブッキング スタンプ カルトナージュ	Papierarium Workshop Wrapping Stylist
7	FINE PAPER ファインペーパー	洋紙 竹尾ステイショナリー 無地カード・エンベロップ	
6	HOME ホーム	キッチンダイニング リビングルーム ウォッシュルーム ルーペ・シニアグラス アルバム フォトフレーム	Memory Tailor
5	TRAVEL トラベル	バッグ ノマドツール 革小物 ブックカバー	Nomad's Nook
4	SCHEDULE スケジュール	手帳 システム手帳 日記帳 手帳カバー システム手帳リフィル 手帳周辺用品 手帳用筆記具	
3	DESK デスク	万年筆 高級筆記具 蒔絵万年筆 限定万年筆 インク モンブラン	Pen Care
2	LETTER レター	グリーティングカード 便箋・封筒 ステッカー 慶弔品 はがき 色紙 クレインステイショナリー 印刷(名刺・招待状・ウエディング)	Write & Post
1	GROUND グラウンド	インフォメーション ドリンクバー グリーティングカード	Drink
B1	HALL ホール	カレンダーフェア 2018	Inspiration Hall

K.Itoya

Floor	
6	ATTIC 地球儀・インテリア小物
5	PAINTS 画材
4	COLORS 画材
3	OFFICE 文房具
2	NOTEBOOK ノート
1	PEN 筆記具
B1	FRAME 額装

Mon.~Sat. / 10:00~20:00
Sun.&Holidays / 10:00~19:00
12F CAFE / 10:00~22:00 (Lo.21:00)

店内でフリー Wi-Fi をご利用いただけます
SSID: G.itoyamerci

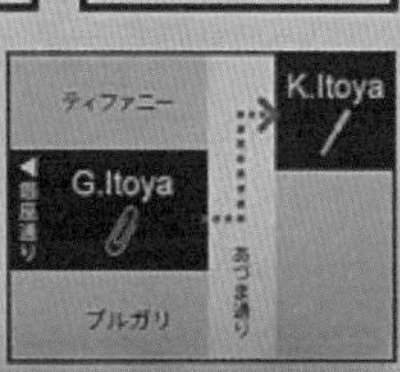

레터를 다룬 2층

데스크와 관련된 분야를 다룬 3층

파인 페이퍼를 다룬 7층

저는 오히려 이 부분이 이토야만이 갖는 장점이지 않을까 싶었습니다. 대부분의 대형 문구점을 보면 한 층에 여러 카테고리를 섞어둡니다. 그 결과 화방, 종이, 펜, 편지지, 다이어리 등 다양한 카테고리가 모두 하나의 층에서 뒤섞이는 경우가 많습니다. 그렇기에 각 카테고리가 가질 수 있는 가장 최적화된 인테리어와 동선을 구축하는 데 실패하는 경우를 흔하게 봤습니다. 편지지와 노트는 같은 종이 제품일지라도 목적이 다르고 이를 찾는 고객의 태도도 다릅니다. 편지지를 찾는 이는 누군가에게 마음을 표현하기 위한 사람일 테고, 노트를 찾는 이는 새롭게 무언가를 기록하기 위한 사람일 것입니다. 이처럼 각각의 목적으로 물건을 찾지만, 고객을 위한 인테리어와 콘셉트는 모든 섹션이 같습니다. 그렇다 보니 고객 입장에서는 제품에 대한 인상만 남고 해당 공간, 즉 문구점에 대한 이미지는 특별히 남지 않은 채 나오게 됩니다.

이토야는 달랐습니다. 층 단위로 카테고리가 명확하게 나뉘어 있고, 층마다 콘셉트가 다르다 보니 이토야를 나와서도 제품뿐만 아니라 각 층의 모습이 머릿속에 선명히 남았습니다. '펜 층에는 원목 가구장 안에 만년필이 쫙 펼쳐져 있었지!', '종이 층에는 수백 가지의 샘플이 한쪽 벽에 걸려 있어 예뻤지!'와 같은 식으로 말이죠.

각 층은 전략적으로 구성되어 있었습니다. 홈 인테리어(6층), 종이(7층), 공예(8층) 등 일대일 컨시어지 서비스가 필요한 카테고리는 모두 상위층에 있었습니다. 이 카테고리들은 높은 층에 있더라도 고객 입장에서 꼭 필요하면 어떻게든 방문하는 품목을 다룹니다. 취향이 분명한 고객이 찾는 카테고리이며 일반 대중보다는 소수의 마니아가 방문하는 층이라는 뜻도 됩니다.

그 대신, 문구에 대한 취향과 관계없이 누구나 간단히 구매할 수 있는 제품은 저층부에 있었습니다. 특히 1층 그라운드Ground는 시즌에 따른seasonal 제품을 판매하는 공간입니다. 특정 카테고리로 제한을 두지 않고 유연하게 운영할 수 있게 한 것이 특징입니다. 이름처럼 거리를 지나가던 사람이 들어와 문구를 구경할 수 있는 운동장ground 역할을 톡톡히 하고 있었습니다.

제가 방문했을 때는 크리스마스를 앞두고 있었던 터라 크리스마스 엽서와 편지지가 1층을 가득 메웠고, 크리스마스캐럴이 배경음악으로 흐르고 있었습니다. 거리를 오가던 사람들은 자연스럽게 캐럴과 편지지에 이끌려 매장으로 들어왔습니다.

문구류는 기억에 남게 하는 것이 가장 중요한 비즈니스가 될 수도 있습니다. 문구 자체가 다루는 카테고리가 워낙 많은 터라, 해당 문구점이 어떤 카테고리를 서비스하는지 고객이 확실하게 인식하도록 만들 필요가 있습니다. 그래야 나중에라도 고객이 특정 카테고리의 어떤 제품이 필요할 때 '구매 가능성'을 예측하며 해당 문구점을 떠올리고 방문할 수 있기 때문입니다. 그런 면에서 비록 단일 층의 면적이 넓지는 않지만, 열두 개 층을 카테고리별로 나누고 전략적으로 층을 배치한 것이 이토야가 고심한 차별점이 아닐까요. 백 년이 넘는 시간 동안 문구 덕후의 성지로 사람들의 발길이 이어져온 이유가 여기에 있습니다.

이토야 1층 그라운드 코너

없는 게 없는 고급스러운 만물상

이토야를 둘러보며 또 한 번 놀란 이유는 카테고리별로 '만물상 전략'을 취하고 있었기 때문이었습니다. 만물상은 없는 것이 없는 곳입니다. 고객이 "그거 있어요?"라고 물었을 때 주인은 매장 안에 쌓여 있는 상품 중 고객이 찾는 '그것'이 어디에 있는지 정확히 알아챈 후 건네줍니다. 그만큼 만물상은 매장 내 상품 가짓수SKU*가 많습니다. 이토야는 만물상만큼 상품이 빽빽하게 진열되어 있지는 않았지만, 필요한 물건을 찾기 쉽게 정리가 잘되어 있다는 느낌을 받았습니다. 고객이 필요한 물품을 어딘가에서 바로 찾아주었기 때문이죠.

제 경우에는 한국에서 절판된 리필심 재고가 있는지 물어보았는데, 리필심만 가득 모아둔 대형 선반에서 제가 찾던 리필심을 꺼내 주었습니다.

나중에 알게 된 사실이지만, 이토야 긴자점 매장에는 무려 15만 종의 문구류가 있다고 합니다. 만년필 매장에 들렀을 때 저는 만물상에 들어온 듯한 느낌을 받았습니다. 이 매장에서는 몽블랑Montblanc, 오마스Omas, 펠리칸Pelikan 등 유명 브랜드의 몇 년 전 모델부터 최신 모델까지 출시된 상품 대부분을 판매하고 있었습니다.

---

* Stock Keeping Unit, 상품의 최소 재고 단위를 나타낼 때 쓰는 용어

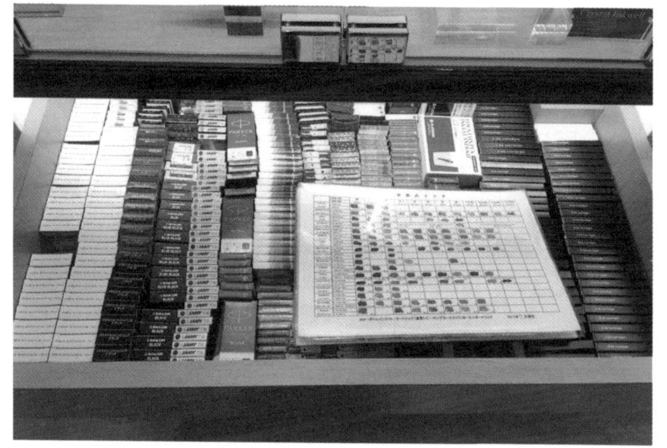

리필심을 모아놓은 서랍 안 시중에 있는 모든 펜의 리필심이 있는 듯했다.

또 종이를 다루는 파인 페이퍼FINE PAPER 층은 종이 전문 회사인 '다케오Takeo'와의 협업 덕분에 수백 가지가 넘는 종이 샘플을 만날 수 있었습니다. 심지어 편지지 하나에도 색상, 크기가 모두 다른 버전을 만날 수 있었습니다.

종이 샘플

같은 색상, 다양한 크기의 편지지

오프라인 매장은 취급하는 상품의 수에 따라 종류가 양극단으로 나뉘는 편입니다. 정말 많거나 아니면 적거나, 둘 중 하나인 경우가 많습니다. 물건이 많은 경우는 대부분 만물상을 지향합니다. 한 카테고리 안에 최대한 다양한 상품을 보유하면서 '모든 것이 다 있다'는 이미지를 심어주죠. 우리 주변에서 흔하게 볼 수 있는 편의점, 다이소 그리고 1989년 회사 창립 이래 단 한 차례도 성장세가 꺾이지 않고 매년 실적이 상승 중인 돈키호테*에서 이와 비슷한 전략을 취하고 있습니다. 이곳에는 내가 찾던 상품이 있을 거라고 고객이 생각하도록 만드는 것이죠.

이에 반해, 상품 수를 극단적으로 줄인 경우도 있습니다. 대부분의 편집매장이 그렇습니다. 이름과 같이 매장 콘셉트와 주인의 취향에 따라 '선택'한 상품을 매대에 올려놓습니다. 모든 상품이 아니라, 주관적인 기준에 따라 고른 상품을 자신 있게 내세우는 거죠. 이토야는 만물상 비즈니스를 실천하면서도 고급스러운 느낌을 버리지 않았습니다. 이 부분이 다이소나 돈키호테와는 다른 방식입니다. 무언가 필요할 때 이토야부터 떠올리게 하는 만물상 비즈니스 개념을 활용하면서도, 세련되고 압도적인 진열로 고급화 전략을 더했습니다.

---

* 관련 기사: '21세기 만물상' 돈키호테, 동남아 시장 첫 진출 (매일경제, 2017.11.16)

만물상 비즈니스 스타일에 고급화 전략을 더하는 것은 일본 리테일 트렌드와도 맞물립니다. 2017년 3월, 아카사카와 아오야마에 오픈하며 화제가 되었던 고급 편의점 빌 마르쉐Ville Marche가 대표적인 사례입니다. 편의점은 만물상 비즈니스를 펼치는 대표적인 장소입니다. 간단한 먹거리부터 기본적인 생활용품까지 없는 게 없습니다. 특히 일본 편의점은 잡지와 서적은 물론, 케이크와 갓 구운 빵까지 다양한 상품을 판매하고 있습니다. 빌 마르쉐는 고급스럽게 탈바꿈된 편의점이 '둘러보는 재미'를 갖출 수 있다는 사실을 증명했습니다. 상품의 수가 많은 데다 고급화 전략이 어울리지 않는다는 편견을 깨고 과감히 시도한 변화였죠. 이토야 역시 빽빽한 진열만 보이는 타 문구점과는 다른 지점이 있었기에 상품 수가 많은데 사람들의 발길이 끊이지 않는 문구점이 되지 않았을까요?

새로운 편의점 모델을 선보인 빌 마르쉐 ©이남곤

●○○○○ DAY 1

당신의 취향은 소중합니다, 이토야 2

다이어리 속지에서 돋보인 디테일

제가 연말에 방문해서인지 이토야를 찾은 고객들의 발걸음은 다이어리 판매대에 머물러 있었습니다. 지나온 한 해를 정리하고 다가올 새해를 준비하는 마음으로 많은 사람이 다이어리를 고르고 있었죠. 일본 전체 문구 시장은 2016년 기준으로 총 4692억 엔(한화 4조7386억 원) 규모이고, 그중 노트 · 학습장 · 수첩류 · 봉투 · 앨범 · 파일 · 보고서 용지 등 종이 제품이 1616억 엔(한화 1조6257억 원)의 시장 규모*를 갖고 있습니다. 그 속에서 수첩과 노트 시장은 소폭의 상승세를 보인다고 합니다.

일본에는 해가 바뀔 때마다 친한 지인에게 다이어리를 선물하는 문화가 아직 존재하기 때문에 일본인들은 다이어리를 매우 적극적으로 구매합니다. 이렇듯 수요층이 두텁다 보니, 이를 모두 충족시켜줄 만한 다이어리도 여러 가지 형태로 출시되었습니다. 저마다의 디테일이 살아 있는

* 야노경제연구소, 문구·사무 용품 시장에 관한 조사 결과(2017년)

다이어리는 속지 구성을 얼마나 차별화했느냐로 자신의 존재감을 드러내고 있었습니다.

제일 먼저 브라우니BROWNIE라는 디자인 회사에서 제작한 다이어리를 살펴보았습니다. 이곳에서 나온 다이어리 중에서 특별한 속지가 눈에 띄었는데요. 가로와 세로를 함께 사용할 수 있어 두 가지 용도로 주별 일정을 쓸 수 있는가 하면, 목표를 정해두고 일별로 실행 여부(O, X)도 표시할 수 있는 레이아웃이었습니다.

저도 다이어리를 업무용과 개인용 두 가지 목적으로 동시에 사용할 때가 많지만 다이어리를 두 개나 사용하고 싶지는 않습니다. 주별 일정을 쓸 수 있는 하나의 면을 두 개로 분할해 사용할 수 있다면 얼마나 좋을까 싶었는데, 그런 다이어리를 브라우니에서 찾았습니다. 다이어리 샘플을 보면 가로에는 사적인 내용이, 세로에는 회사 프로젝트나 업무상 해야 할 일들이 정리되어 있습니다. 아마 저와 같은 불편함을 느낀 고객이 꽤 있었던 모양입니다.

브라우니 홈페이지에서 제공하는 '다운로드 콘텐츠'를 살펴보자. A6, A5 두 가지 크기가 세로와 가로 두 가지 버전으로 마련돼 있다. 2018년 11월 기준, 브라우니 공식 홈페이지 메인에 뜨는 영상 콘텐츠도 흥미롭다.
brownie-techou.com

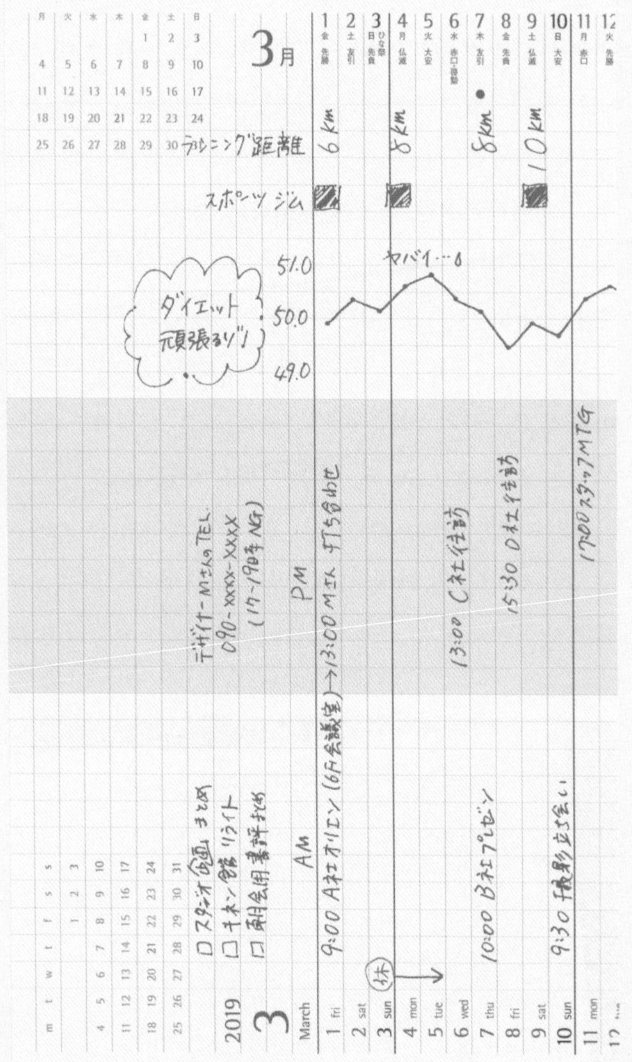

브라우니 다이어리의 레이아웃 ©brownie

요가 스튜디오 시타CITTA에서 만든 다이어리도 디테일이 반영된 속지로 유명합니다. 시타 다이어리는 학생 때부터 수첩 마니아였던 시타의 CEO 아오키 치구사의 아이디어로 제작되었습니다. 본래는 요가를 하는 고객을 위해 고안한 다이어리였지만, 목표를 설정하고 이를 지속적으로 점검하고 추적tracking할 수 있다는 장점이 알려지면서 이제는 일반 사람도 사용하는 다이어리가 되었습니다. 다이어리가 궁금한 분은 유튜브 'CITTA Channel'에서 시타의 CEO 아오키 치구사가 직접 2018 다이어리를 소개하는 영상 CITTA 手帳2018を解説！こんな手帳です을 찾아보길 권합니다.

시타 다이어리의 시작은 자신의 꿈을 적어보는 '두근두근 리스트'입니다. 자잘한 계획부터 비교적 큰 단위의 계획까지 어떤 목표를 세울지 54개로 정리하고 완료일을 적

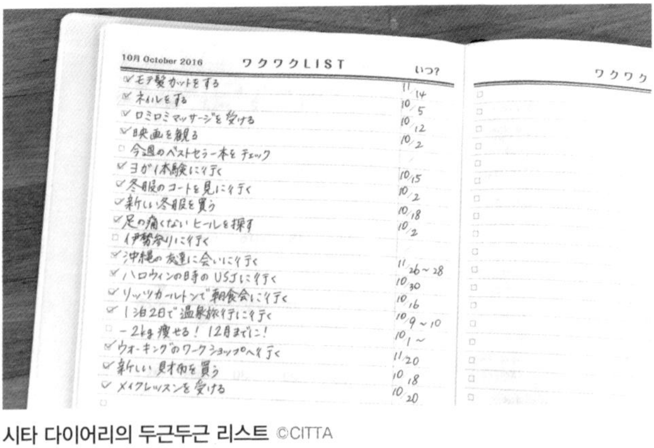

시타 다이어리의 두근두근 리스트 ©CITTA

습니다. 이후 여기에 적은 목표를 어떻게 실천해나갈지 연, 월, 주 순서로 세부 계획을 세워갑니다.

시타 다이어리는 이런 실행 부분에서 다른 다이어리들과 차별점이 있습니다. 우선은 연표 달력입니다. 2018년 다이어리의 경우 현재뿐 아니라 2017년(과거), 2019년(미래) 연표가 함께 붙어 있어 3년에 걸친 장기 계획을 세우고, 이를 한꺼번에 살펴볼 수 있었습니다. 저 역시 어떤 목표를 세우고 거시적인 계획을 구상할 경우, 1년을 넘어 3년 정도의 계획을 세워야 할 때가 생깁니다. 이때 과거로부터 단절된 현재의 다이어리로는 연속성을 두고 계획과 목표를 세워가기가 쉽지 않았습니다. 그래서 작년에 사용했던 다이어리를 곁에 두고 함께 살펴보면서 작년의 목표가 무엇이었고 얼마만큼 진행되었는지를 항상 점검했습니

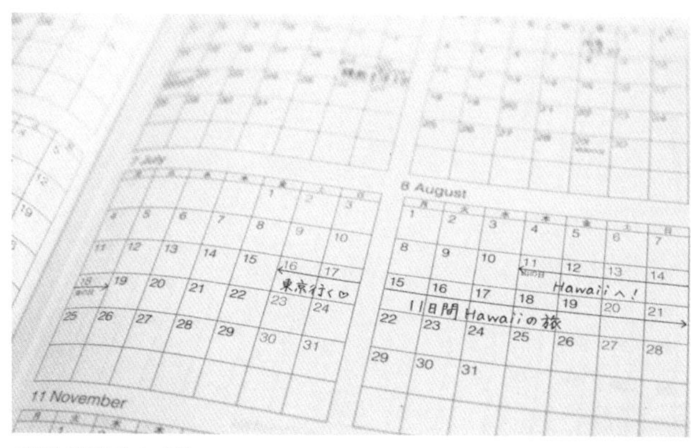

3년에 걸친 장기 계획 ©CITTA

다. 시타와 같은 다이어리가 있다면, 과거와 이어지는 목표를 실천할 수 있다는 장점이 있습니다.

달력을 두 달 연속 배치한 점도 목표 실천을 지향하는 시타 다이어리의 특징입니다. 일반적인 다이어리는 한 달 치 달력을 보여준 뒤 바로 주 단위로 넘어가는 경우가 많은데요. 그렇다 보니 목표의 연속성이 끊기는 경우가 생겼습니다. 예를 들어 11월이 되면 앞 페이지를 한참 넘겨 10월에 어떤 목표를 세웠는지 살펴봐야 하는 불편함이 있었죠. 하지만 시타는 한 면에 두 달을 함께 넣는 아이디어로 연속된 '날짜 개념' 속에서 목표를 꾸준히 실천할 수 있도록 장려하고 있었습니다.

어떤 도구를 사용하는지에 따라 생산력 향상의 범위가 달라집니다. 저는 앱 중에서도 생산성 카테고리를 가

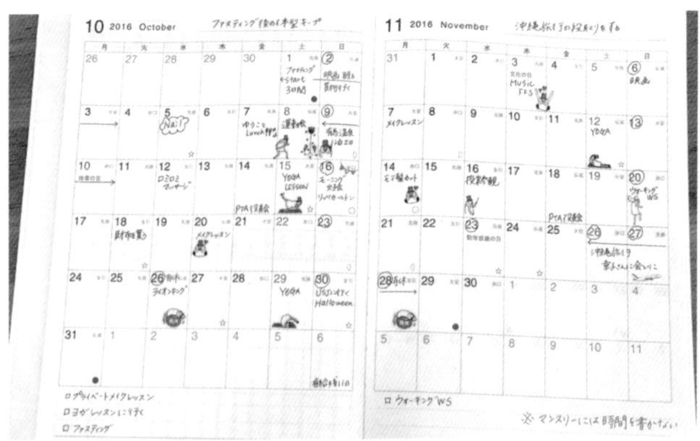

한 면에 두 달 달력을 연속 배치한 시타 ©CITTA

장 좋아하는데요. 할 일을 관리하는 '띵스Things', 프로젝트를 관리하는 '노션Notion', 콘텐츠를 스크랩해두는 '에버노트Evernote' 등 다양한 앱을 사용하며 어떻게 하면 생산성을 더 높일 수 있는지 살펴보곤 합니다. 다이어리도 마찬가지입니다. 일반적인 다이어리가 아닌 특정 목적에 초점이 맞춰진 다이어리를 사용하면 목표 설정, 그리고 점검 및 추적에 유리할 것입니다.

삶을 기록하려고 노력하는 사람들

이토야의 다이어리 섹션을 둘러보며, 여전히 사람들은 자신의 삶을 '기록'하기 위해 애쓴다는 사실을 느꼈습니다. 물론 지금은 블로그와 SNS 등을 통해 얼마든지 자유롭게 자신의 일상을 기록할 수 있는 시대입니다. 하지만 직접 수기로 작성하면서 자신에게 맞춤화된 형태를 선택할 수 있는 것은 아날로그가 지닌 장점입니다. 그래서 사람들은 여전히 다이어리를 찾고 있습니다.

일본에서 여러 다이어리를 살펴보며 삶을 기록하려고 노력하는 사람들 덕분에 다이어리 시장이 더욱 니치niche해진다는 사실 역시 발견했습니다. 상품군을 나누는 기준이 연령층, 성별, 직업별 그리고 특정 상황의 고객까지 더해져 대상이 더 세분화된 것이죠.

2016년 후쿠오카 여행이 발견의 시작이었습니다. 후쿠오카에도 일본 어느 대도시에나 있는 로프트LOFT* 매장이 있었고, 이곳에서 로프트 라이프 로그 툴Life Log Tool을 발견했습니다. 말 그대로 로프트가 오리지널 상품으로 만들어 선보인 '삶을 기록하는 도구'였습니다. 그리고 매대 위에 펼쳐진 수십 종류의 로그 툴을 보며 저는 깜짝 놀랐습니다.

로그 툴 중에는 박물관을 다녀온 뒤 기록하는 뮤지엄 로그Museum Log, 빵을 먹은 뒤 빵 리뷰를 기록하는 브레드 로그Bread Log, 네일 관리를 받은 뒤 그 내용을 기록하는 네일 로그Nail Log, 자동차 드라이브 내용을 기록하는 드라이브 로그Drive Log, 기차 여행을 기록하는 트레인 로그Train Log 등 다룰 수 있는 대부분의 주제가 있었습니다.

고객들은 새해를 맞이해 다이어리를 단 한 권만 구입하지 않고, 자신이 관심 있는 분야의 주제로 구성된 로그 툴 서너 권을 집어 들었습니다. 다이어리 한 권에 모든 것을 적기보다 관심사별로 최적화된 형태를 지닌 로그 툴에 제대로 기록하기 위한 노력이었습니다.

이 아이디어를 모바일로 옮겨와도 괜찮겠다는 생각이 들었습니다. 예를 들면 다이어리 플랫폼이 있고 수십에서 수백 가지의 관심사별 로그 레이아웃이 플랫폼에 존재하

---

* 일본의 3대 대형 잡화점 중 하나

는 방식인 거죠. 누구나 로그 레이아웃을 만들어 유료로 판매할 수도 있고요. 그중 자신에게 필요한 로그 레이아웃을 구매한 뒤 기록을 시작하는 겁니다. 빵을 먹고 난 뒤라면 빵 리뷰 로그에 기록하고, 전시를 보고 난 뒤라면 전시 리뷰 로그에 기록하면 되니까요. 새로 생긴 관심사나 식어버린 관심사에 대해서도 활용할 수 있습니다. 캘리그래피에 관심이 생겨 새롭게 취미 생활을 시작했으면 플랫폼에서 캘리그래피 로그를 구매한 뒤 다이어리에 담습니다. 더는 흥미가 없는 관심사를 기록한 다이어리의 경우에는 얼마든지 삭제할 수도 있는 거죠.

점점 니치 마켓을 향하면서 고객 스스로 필요를 깨닫게 하는 상품이 쏟아지고 있습니다. 그중에서도 핫한 카테고리가 바로 '로그 툴'입니다. 사람마다 관심사와 취향, 취미 등이 모두 다를 뿐 아니라 사람은 누구나 데이터를 모으고 기록logging하려고 무던히 노력하기 때문입니다.

楽しみが1日増えました。

2016 DIARY
LOFT-LIFE-LOG-TOOL

Tokyo

▲ 수십 가지 주제의 로그 툴이 있다
◀ 로프트 라이프 로그 툴LOFT LIFE LOG TOOL은 로프트의 '삶을 기록하는 도구'를 의미한다
▼ 강아지의 성장 기록을 남길 수 있는 도그 로그Dog Log

생산성을 높여주는 접착식 메모지와 커스터마이징

저는 접착식 메모지도 매우 좋아합니다. 어느 종이에나 간편하게 붙일 수 있고, 접착식 메모지만 붙이면 메모할 수 있는 공간이 새롭게 생기기 때문입니다. 또 새로운 기능을 모듈식으로 추가해 사용하는 느낌도 있어서 좋습니다. 그래서 새로운 포맷의 접착식 메모지가 있으면 꼭 구매해 사용해보는 편인데요. 이토야에서 발견한 신기한 접착식 메모지에도 눈길이 향했습니다

이 접착식 메모지를 보며 다양한 목적의 커스터마이징 customizing 접착식 메모지가 출시된다는 사실을 알 수 있었습니다. 즉 굉장히 다양한 목적으로 사용할 수 있는 접착식 메모지들이 있고, 이 중에서 자신이 필요한 것만 구매해 활용하는 겁니다. 제목부터 그런 느낌이 확 다가왔습니다. '커스텀 스틱 메모Custom Stick Memo'라니.

종류도 아주 다양했습니다. 1개월 프로젝트를 기록할 수 있는 접착식 메모지부터 운동 기록을 위한 접착식 메모지도 있었습니다. 영화, 뮤지컬, 콘서트 등 문화생활을 즐긴 뒤 이를 리뷰하는 접착식 메모지도 있었죠. 전부 각각 모듈화된 느낌이었습니다. 그리고 이 모듈이 모이면 나만을 위한 다이어리를 만들 수 있겠다는 생각을 하게 되었죠.

개인의 취향이 갈수록 다양해지면서 하나의 상품이 모두를 만족시키는 시대는 끝났습니다. 제품 구성은 대부분

모듈화가 진행될 것이며, 개인은 자신의 취향에 맞는 모듈을 조립하여 완전히 자신에게 집중하는 제품을 스스로 만드는 시대가 올 것입니다.

이미 커스터마이징 시대입니다. 스마트폰 생태계는 앱이라는 모듈로 자신이 필요한 서비스만 설치해 스스로 최적화된 휴대폰을 만들어냈습니다. 2018년 6월 5일 기준, 전 세계 웹사이트의 30.9%를 차지하는 워드프레스WordPress는, 플러그인이라는 모듈로 스스로 최적화된 홈페이지를 만들 수 있게 했습니다. 앞으로 또 어떤 것들이 모듈화가 될 수 있을지 생각해보는 일도 사용자를 향한 배려의 출발점이 될 수 있지 않을까요. 커스터마이징은 대량생산으로 인한 한계를 극복하기 위한 소비자의 몸부림이라는 측면에서도 주목할 만합니다. 모두가 같은 제품을 가지고 있는 현상에 대한 불편함을 표현하는 것이자 나만의 개성을 드

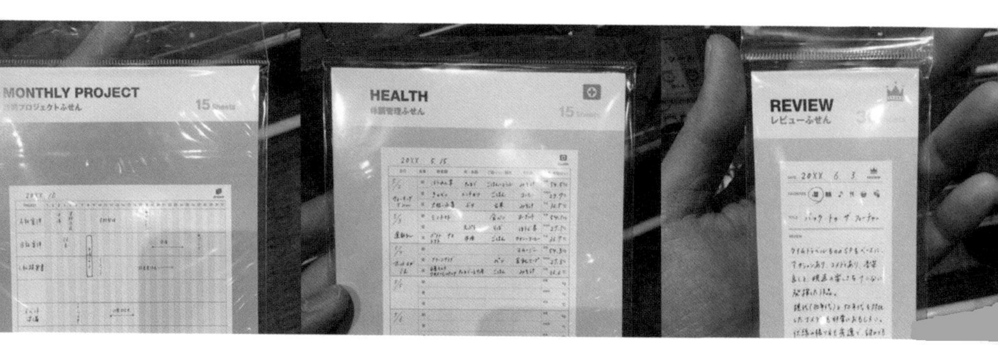

(왼쪽부터) **1개월 프로젝트, 운동 기록, 영화나 책 등에 대해 리뷰할 수 있는 접착식 메모지**

러내고 싶다는 강력한 의지이죠. 어떻게든 다른 사람과 차별되면서 나만의 무언가를 원하며, 자기 자신에게 최적화된 제품을 갖고자 하는 욕망이기도 합니다.

도쿄의 놋토Knot는 최근 몰려드는 손님들로 인해 품귀 현상이 일어나고 있는 시계 브랜드입니다. 5평 남짓한 매장이지만 오픈 후 첫해의 목표 판매량인 5000개를 4개월 만에 전부 팔았고, 2016년도부터는 매월 1만 개의 시계를 생산해야 할 정도로 수요가 늘었습니다. 비결은 바로 커스터마이징에 있었습니다. 이곳에서는 시계 본체부터 스트랩, 버클 등을 모두 취향대로 조합해 시계를 완성할 수 있습니다.* 만들 수 있는 조합의 수는 무려 5000개에 이릅니다. 게다가 이름이나 기념일, 메시지 등을 각인해주는 서비스도 제공하고 있죠.

도쿄 아사쿠사에 위치한 와이어드 호텔WIRED HOTEL은 '커스터마이징 가이드북'으로 명성을 얻고 있습니다. 호텔 투숙객들은 체크인 후 숙소로 들어가기 전에 1마일 가이드북1Mile Guide Book이라는 벽을 만나게 됩니다. 이곳에서는 호텔을 중심으로 1마일, 약 4km 내에 위치한 가볼 만한 장소들을 1페이지 단위로 정리하여 벽에 걸어두었습니다. 벽을 살펴보며 내가 관심 있는 곳, 가보고 싶은 곳의 페이

* 놋토의 온라인 페이지(ssl.knot-designs.com/customorder)에서도 자신의 취향에 맞는 시계를 만들 수 있다.

지를 뺀 뒤 이를 한 권의 책으로 묶을 수 있죠.

이렇게 만들어진 가이드북을 보며 호텔 주변을 탐색해 볼 수 있는데요. 아마 '1마일 가이드 북'이라고 이름 붙인 까닭도 걸어 다니면서 볼 수 있는 곳으로 장소를 한정하기 위함이라는 생각이 듭니다. 4km 이내라면 버스나 지하철로 가볍게 이동할 수 있는 거리이기 때문입니다.

와이어드 호텔의 1마일 가이드 북

색다른 아이템을 찾고 있다면, 커스터마이징에 초점을 맞춰봐도 좋습니다. 물론 해당 분야에 대한 전문적인 지식이 필요하며 제조의 경우에는 부품 확보를 위한 유통망 지식에도 해박해야 합니다. 수많은 부품을 간직하고 있어야 하기에 재고 관리 능력도 필요하고요.

이토야에서 발견한 신기한 아이디어

이토야는 문구 덕후의 성지답게 신기한 아이디어 상품도 많았습니다. 제가 이런 아이디어 상품을 좋아하는 이유가 있습니다. 만들어진 상품의 아이디어 대부분이 '소비자의 불편'을 해소하기 때문입니다. 지금은 흔해졌지만 연필 꼭지에 지우개가 함께 있는 것도 연필과 지우개를 따로 사용해야 하는 불편함에서 비롯되었고, 수정테이프 역시 수정액이 마르는 동안 기다려야 하는 불편함 때문에 나온 아이디어 상품이었습니다. 이처럼 아이디어로 시작한 상품이 엄청난 편의성을 갖추어 해당 카테고리의 대표 상품이 되는 경우가 있듯이, 이번에 발견한 신기한 아이디어들도 미래에는 흔한 상품이 되어 있을 수도 있습니다. 그런 가능성을 지닌 디테일한 아이디어가 깃든 상품을 소개하고자 합니다.

얇은 부피로도 가능한 멀티펜

첫 번째는 중력식 노크 방식으로 펜 색깔의 교환이 가능하고, 3색 펜에 샤프 기능이 추가된 멀티펜이었습니다. 모두가 알고 있는 다색 펜은 볼펜 꼭지에서 원하는 색깔의 스위치를 눌러서 내려야 해당 색의 펜촉이 나옵니다. 색깔을 바꾸려면 다시 볼펜 꼭지에서 다른 색의 스위치를 밑으로 내려야 하는데요. 이렇게 색상에 따른 펜 심지가 있기 때문에 다색 펜은 뚱뚱해질 수밖에 없습니다. 그렇다 보니 덩치가 커져 필통 안에서 자리를 많이 차지했죠. 게다가 작은 부피의 필통을 선호하는 요즘 같은 시대에는 펜이 잘 들어가지 않는다는 불편함도 있었습니다.

제가 발견한 멀티펜의 작동 원리는 이렇습니다. 펜을 기울인 상태에서 원하는 색을 위로 오게 한 뒤 펜 뚜껑을 누르면 색이 바뀌는 방식입니다. 사용 중 멀티펜을 굴리면서 원하는 모드로 빠르게 교체할 수 있는데, 이로 인해 펜을 다시 세우고 원하는 컬러 바를 누른 뒤 기울여 사용하는 과정이 절반 이상 줄어든 셈입니다. 이렇게 색깔별로 튀어나온 컬러 바가 필요 없어지자 다색 펜임에도 멀티펜은 매

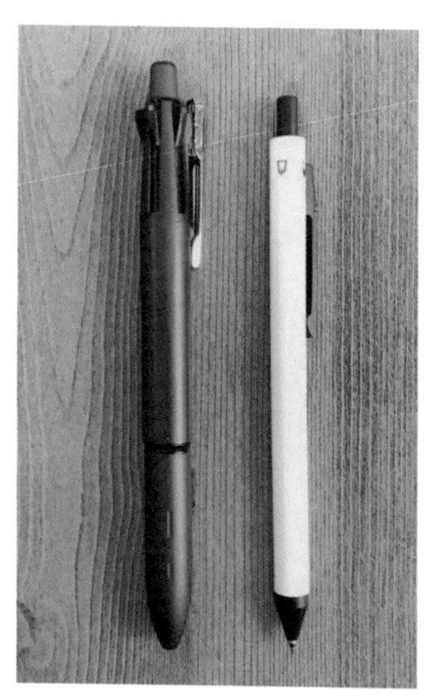

기존에 가지고 있던 멀티펜(왼쪽)**과 새롭게 구매한 멀티펜**(오른쪽) 중력식 노크로 바뀌자 부피가 훨씬 줄어들어 필통 안에서도 자리를 별로 차지하지 않게 되었다.

우 얇은 부피로 재탄생했습니다. 작은 필통 안에도 거뜬히 들어갈 수 있게 되었고, 사용성 역시 개선되었습니다. 사실 기존 다색 펜 역시 색이 다른 펜을 따로 챙겨 휴대해야 하는 불편함 때문에 만들어진 상품이었습니다. 이 제품에도 존재했던 '큰 부피'라는 불편함을 해결하기 위해 또 다른 제품이 새로 나온 것입니다.

펜촉 끝에 컬러 라인이 표시된 덕분에 어떤 컬러 촉이 나와 있는지 알 수 있다는 점도 좋았습니다. 예를 들어 특정 색깔의 펜촉을 사용하다가 그대로 두면, 다시 사용할 때 무슨 색인지 확인해야 합니다. 그럴 때마다 저는 메모지에 선을 그어서 색깔을 확인한 뒤 원하는 색으로 다시 바꾸곤 했는데요. 컬러 라인처럼 사소한 배려 덕분에 펜을 사용하다 멈추더라도 나중에 다시 테스트할 필요가 없었습니다. 사용 중인 펜촉의 색을 직관적으로 알 수 있어 사용성을 높여주는 디테일로 기록해두었습니다.

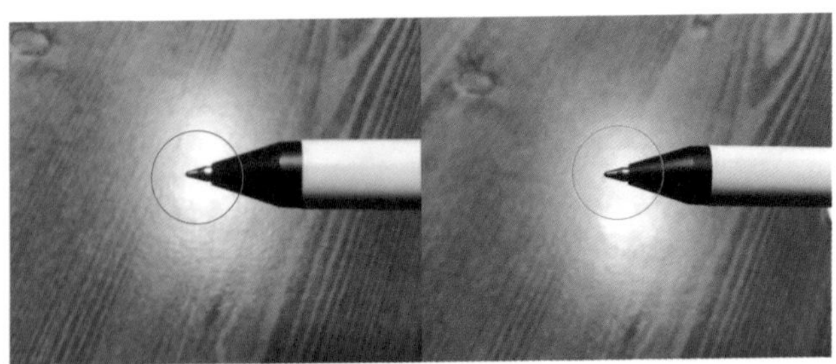

펜촉에 표시된 컬러 라인

원하는 만큼 잘라가는 스티커

두 번째는 스티커를 판매하는 방식이었습니다. 스티커 코너에 가보면 획일화된 사이즈의 상품들만 있기 마련입니다. 예를 들면 스티커가 열 개 들어 있는 포장이 있는가 하면, 그다음 단계로는 스티커 스무 개가 들어 있는 포장이 있습니다. 스티커를 열다섯 개 정도만 사고 싶은 고객은 갈등하게 됩니다. 스무 개는 많은 것 같고, 열 개만 사자니 적기 때문이죠.

이런 고민을 해결할 방법이 이토야에 있었습니다. 스티커를 롤처럼 말아둔 뒤 자신이 원하는 만큼 '잘라서' 가져가는 것입니다. 가격은 스티커 한 개 단위로 책정되어 원하는 수량의 스티커만큼 가져가면 계산할 수 있었습니다.

이는 스티커 회사와 고객 모두에게 이득입니다. 스티커 회사는 일일이 스티커를 비닐 포장할 필요 없이 처음부터 롤로 스티커를 생산한 뒤 문구점에 맡기면 되기 때문입니다. 소비자 입장에서는 버려지는 포장 쓰레기를 줄일 수 있다는 장점이 있죠. 곧 마스킹테이프 같은 상품도 이런 판매 방식이 대세가 되지 않을까 싶습니다. 마스킹테이프를 구매하려는 사람들이 항상 하는 고민이 간격과 전체 길이입니다. 내가 원하는 만큼 딱 맞는 간격과 전체 길이를 찾기가 쉽지 않기 때문이죠. 테이프를 매장에서 조금씩 사용해 보면서 필요나 원하는 스타일에 적합한지 확인하거나 짧

원하는 만큼 잘라서 가져갈 수 있는 스티커

은 길이만 필요한 고객도 분명 있는데, 현재는 상품이 규격화되어 필요 이상으로 구매하는 경우가 있습니다. 이런 고객의 불편함을 해결하기 위해 머지않아 이토야의 스티커 판매 방식이 국내에도 도입되지 않을까 전망해봅니다.

고객을 배려한 시향 방법

일반적으로 향을 테스트하는 방법은 두 가지입니다. 테스트 종이 위에 뿌린 뒤 향을 맡아보는 방법과 향이 나는 물건을 직접 코에 갖다 댄 뒤 향을 맡아보는 방법입니다. 저는 두 가지 방법 모두 불편했습니다. 첫째, 테스트 종이에 향을 뿌린 뒤 향을 맡아보는 방법은 한 개 상품을 테스트할 때는 유용합니다. 하지만 테스트 상품이 세 개 이상일 때는 어떤 테스트 종이에 어떤 향을 뿌렸는지 잘 기억나지 않았습니다.

'이 종이에 이 향을 뿌렸었나?', '아, 어떤 종이가 처음 뿌렸던 향이지?'와 같은 질문을 던지며 내적 혼란에 빠지기 시작합니다. 이러다 다시 뿌려보자는 결론이 나는 경우가 많죠. 판매자 측에서는 테스트 샘플을 더 낭비하는 셈이고, 고객은 상품 탐색 시간이 더 늘어난 셈입니다. 결국 양측 모두 손해입니다.

코로 가져가 향을 맡아보는 두 번째 방법의 문제점은 위생입니다. 내가 집어 든 아로마 오일과 향초를 수십 수백 명이 코 근처로 가져갔을 겁니다. 그러다가 분명 제품과 코가 부딪힌 사람도 있었을 거고요. 제품 근처에서 나는 향과 공기 중에 퍼진 향이 다른 경우도 간혹 있었습니다. 이런저런 궁금함이 있지만 테스트할 방법이 없으니 그냥 지나치거나 한번 믿어보는 셈치고 구매하게 됩니다. 그래서 집에 온 뒤 내가 맡았던 향과 다르다며 투덜거리는 경우도 종종 생기죠.

이토야가 제안한 시향 방식은 특별했습니다. 제품을 들어 올리는 것이 아니라, 제품을 감싸고 있는 높은 볼bowl을 들어 향을 확인하는 방식이었습니다. 지금까지는 항상 제품을 들어 코로 가져오거나 테스트 용지에 묻혀 향을 맡았는데, 이런 방식의 시향은 처음이었습니다.

이 방식으로 향을 확인하게 되자 별도의 테스트 용지가 필요하지 않았고, 제품을 바로 코에 갖다 대는 일도 없었습니다. 게다가 공기 중에 퍼질 때 나는 잔향도 확인할 수 있었습니다. 분명 이토야는 어떤 시향 방법이 고객을 가장 배려하는 모습인지 고민했을 것이고, 그중 제일 효과적인 방법으로 고객을 맞이했다는 생각이 들었습니다.

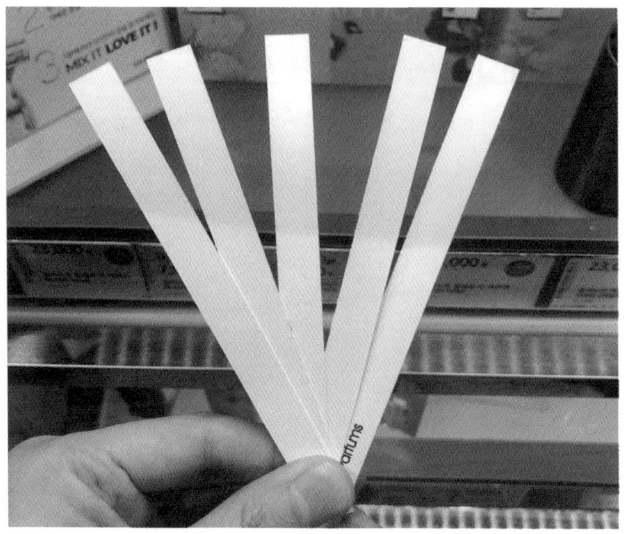

시향을 할 때 어떤 종이에 어떤 향을 뿌렸는지 헷갈리기 시작하는 순간

이토야가 제안하는 시향 방법, 종이 대신 볼을 사용한다

시간 가는 줄 모른 채 한창 구경하고 나와보니 어느덧 해가 져 있었습니다. 문구류를 좋아하는 개인적인 이유도 있었지만, 이토야의 전체적인 모습에서부터 조그만 상품 진열까지 기억하고 싶은 것이 너무 많아 오랜 시간이 걸렸습니다. 그동안 저 역시 동네 문구점이나 대형 서점에 숍인숍 형태로 들어가 있는 문구점 이외의 모습을 상상해보지 못했는데요. 이토야를 보며 문구점의 미래를 상상해보게 되었습니다. 《문구의 모험》이라는 책에서 그 힌트도 찾을 수 있었죠.

유럽과 중동 그리고 아시아 지역의
파커 사무용품 담당 부사장인 고든 스콧Gordon Scott은
가장 최근에 만년필이 인기를 회복했을 당시
"과거에는 만년필이 우리에게 작업도구였지만
이제는 장식품에 더 가까운 것으로 변해간다"고 말했다.
이메일과 아이팟의 세계에서는 값싼 만년필조차
지위 상징물status symbol이 될 수 있다.
재산이 얼마나 많은지가 아니라 취향이 얼마나
세련되었는지를 알려주는 상징물 말이다.

제임스 워드, 《문구의 모험》(어크로스, 2015)

결국 문구점의 미래는 '취향 잡화점'과 맞닿아 있습니다. 도구로서의 문구가 아닌 취향으로서의 문구를 선보여야 하는 시대가 온 셈이죠. 그리고 어디에서 이 문구를 구매했는지가 취향의 상징이 될 수 있을 겁니다. 제가 "이토야에서 이 펜 샀어"라고 말하면 지인들이 제 감각과 취향을 한 단계 높게 평가할 수 있는 것처럼 말이죠. 이토야 간판에 새겨진 특유의 상징인 빨간 클립을 보며 긴자에서 이토야가 살아남을 수 있었던 이유를 되새기며 숙소로 돌아왔습니다.

●○○○○ DAY 1

전통과 현대가 만나는 지점, 키테 1

Tokyo

우체국에서 멋진 상업 시설로

키테KITTE라는 쇼핑몰을 처음 알게 된 건, 2016년에 갔던 후쿠오카 여행 때였습니다. 후쿠오카는 번화가 지역이 크게 하카타역 주변과 텐진역 주변으로 나뉘어 있습니다. 하카타역 근처에 있는 키테 하카타점은 오픈한 지 얼마 되지 않았지만, 블로그 리뷰 등을 통해 이미 후쿠오카의 핫플레이스로 자리 잡았음을 알 수 있었습니다.

그 이유는 크게 두 가지입니다. 우선은 키테의 독특한 역사 때문입니다. 키테는 일본 우편Japan Post이 2013년에 처음 선보인 상업 시설입니다. 눈치챈 분도 있겠지만, 키테라는 명칭이 우표切手, 깃테를 뜻하는 일본어이기도 합니다. 또 일본어로 '오세요きて, 기테'라는 뜻도 포함하고 있습니다. 키테 1호점은 이번 도쿄 여행 때 다녀온 도쿄 마루노우치점(2013년 3월 오픈)이고, 2호점이 바로 앞서 언급한 후쿠오카 여행 때 다녀왔던 하카타점(2016년 4월 오픈)입니다. 연이어 3호점인 나고야점(2016년 6월 오픈)을 선보이면서 키테는 일본 내 세 개 지점을 갖게 되었습니다. 키테

가 위치한 곳은 본래 우체국이 있던 자리입니다. 역사와 전통이 담긴 공간이죠. 하지만 급속도로 진행된 디지털화로 인해 우편의 인기가 크게 떨어지면서 우체국을 찾는 사람들이 점점 줄어들었습니다. 우체국의 수익성 역시 자연스럽게 감소했죠. 그래서 고안한 것이 쇼핑몰과 백화점을 결합한 형태의 복합 문화 쇼핑몰입니다. 과거에는 우체국이었지만, 도시 재생 사업의 일환으로 재탄생한 공간이라는 이야기가 알려지면서 호기심을 느낀 고객들이 많이 몰려들었습니다.

또 다른 성공 원인은 '전통과 현대의 결합'입니다. 키테의 각 지점 내부를 살펴보면 대형 프랜차이즈가 많지 않다는 사실을 알 수 있습니다. 일반 쇼핑몰에서 흔히 보이는 스파SPA 브랜드나 커피 프랜차이즈도 이곳에서는 찾기가 쉽지 않습니다. 대신 일본의 다양한 전통을 소개하는 가게가 많습니다. 그 이유는 키테의 콘셉트에 있습니다.

키테는 'Feel JAPAN'이라는 콘셉트로 일본의 진짜 모습을 알리는 데 초점을 맞췄습니다. 일본 전국에 있는 각지의 맛집을 들여와 소개하고 전통을 이어오고 있는 시니세老舗, 오래된 가게 점포로 쇼핑몰을 구성했습니다. 전통을 계승하는 일을 업으로 삼은 사람들을 우대하는 의미로 그들에게 쇼핑몰의 중요 자리를 먼저 내어주는 정책을 세웠죠. 이로 인해 프랜차이즈보다는 역사와 전통이 있는 작은 규모의 노포가 훨씬 많아졌습니다. 덕분에 현대적인 디자인과 전통이 결합한 형태의 가게를 찾아보는 즐거움을 맛보는 건 고객의 몫이 되었습니다. 이런 이유로 키테의 각 지점은 오픈하자마자 지역 주민에게 큰 인기를 끌었습니다.

키테를 보며 우리나라에도 개인에게 초점을 맞춘 복합문화 쇼핑몰이 생기면 어떨지 상상했습니다. 대형 프랜차이즈들이 막강한 자본력으로 쇼핑몰의 좋은 자리를 차지하는 것이 아니라, 개성 있고 전통을 지키는 다수의 개인이 모여 키테와 같은 쇼핑몰을 구성하는 거죠. 그렇다면 지금처럼 국내에서 어떤 쇼핑몰을 가도 차별성을 크게 느끼지 못하는 부분을 조금은 해결할 수 있지 않을까요? 2017년 4월, 마루노우치에 들어선 긴자 식스GINZA SIX 역시 개인에 초점을 두었습니다. 동네에서 장사하던 소상공인들에게 긴자 식스에서 가게를 오픈할 수 있는 기회를 준 겁니다. 어디서나 볼 수 있는 대형 프랜차이즈가 아니라, 이곳에서만 볼 수 있는 쇼핑 콘텐츠를 채우기 위함이었죠. 이처럼 대형 쇼핑몰은 이제 개인을 주목하고 있습니다.

커뮤터를 위한 비즈니스가 뜬다

키테 마루노우치점에 들어간 뒤 3층으로 올라가 한참 동안 1층을 내려다봤습니다. 키테 마루노우치점은 삼각형 형태로 이루어진 건물로 1층 중앙 광장에서 다채로운 문화 행사가 펼쳐집니다. 화려한 장식물이 설치되어 키테로 들어오는 고객들의 카메라 세례를 받기도 합니다.

제가 방문했을 때는 크리스마스를 앞둔 시점이어서 대형 트리가 중앙 광장에 자리 잡고 있었습니다. 게다가 한 시간에 한 번꼴로 음악에 맞춰 라이트 쇼가 펼쳐지면서 도심 한가운데서 한 편의 공연을 보는 듯한 느낌까지 들었습니다.

정장을 입은 사람들의 출입이 많은 점도 눈에 띄었습니다. 제가 키테에 들어선 시각이 오후 다섯 시 정도였는데요. 여섯 시가 지나자 정장을 입은 사람들의 출입이 폭발적으로 늘었습니다. 퇴근 후에 이곳을 방문하는 커뮤터commuter로 보였습니다. 그렇다고 그들이 꼭 누군가와 약속이 있어서 이곳을 방문하는 것 같지는 않았습니다. 집으로 가는 지하철을 타기 전, 또는 역에 도착해 집으로 가기 전에 잠시 혼자 들르는 고객들이 많아 보였습니다. 집에서 먹을 저녁 도시락을 구매하는 사람, 쇼핑하면서 필요한 물건을 구매하는 사람, 서점에서 책을 골라 보는 사람, 카페에서 간단하게 샌드위치를 주문한 뒤 다이어리를 꺼내 일상

키테 마루노우치점 광장에 있던 대형 트리

을 정리하는 사람 등 다양한 모습들이 있었습니다. 키테 마루노우치점은 커뮤터의 휴식처이자 새로운 생산 활동 기지로 보였습니다.

저도 직장인이다 보니 퇴근 이후 시간을 최대한 알차게 보내고 싶습니다. 내 삶의 주도권이 회사가 아닌 나에게 있다는 사실을 증명이라도 하고 싶은 것처럼 퇴근 이후 몰려드는 피로감까지 물리치면서 어떻게든 생산적인 활동을 하려 합니다. 키테는 저와 같은 직장인에게 최적의 장소로 보였습니다. 우선 키테 전 지점은 모두 지하철역과 붙어 있습니다. 키테 마루노우치점의 경우에는 도쿄역과 바로 연결되어 있죠. 그래서 도쿄역을 가기 전, 또는 역사를 나와 집에 들어가기 전에 들르기 좋은 최상의 입지 조건을 가지고 있습니다. 게다가 퇴근하고 즐길 만한 쇼핑 시설과 문화 시설을 갖춘 곳이기도 합니다.

이처럼 직장인들의 '저녁'을 겨냥한 비즈니스는 계속 뜰 전망입니다. 오직 일에만 집중했던 예전의 직장인들과 달리 젊은 세대들은 일과 동시에 자신의 삶도 누리는, 일명 워라밸work and life balance을 챙기는 세대입니다. 그래서 퇴근 이후 저녁 시간을 오로지 자기 자신에게 투자하는 세대이기도 합니다. 한국에서도 저녁 시간을 즐기는 직장인을 위한 특별한 프로그램이 등장하고 있습니다. 직장인들이 늦은 시간에도 문화생활을 할 수 있도록 미술관은 저녁

늦게까지 개관 시간을 늦추고 있고, 저녁에만 진행하는 별도의 행사도 기획하고 있습니다. 또 밤에도 자신이 원하는 공부를 할 수 있도록 스터디 카페들은 야간 멤버십을 만들기 시작했고, 24시간 운영하는 카페로 확장하는 경우까지 생겼습니다. 일본에서도 저녁에 집중하는 비즈니스가 뜨고 있습니다. 대표적인 사례가 도쿄에 있는 '스타벅스 이브닝'입니다. 이름에서부터 느껴지듯이, 이곳은 낮 시간대보다도 저녁 시간대에 방문하는 고객을 위해 차별화된 매장 콘셉트와 메뉴를 가지고 있습니다. 커피는 물론 누구나 퇴근 후에 가볍게 들어와 술 한잔할 수 있도록 맥주와 와인도 판매하고 있죠. 스타벅스 이브닝은 하루의 마지막을 자기 자신에게 투자할 수 있는 아지트 역할을 하고 있었습니다. 저녁 시간을 향유하기 원하는 직장인들이 계속 늘어나는 흐름에 따라 특히 출퇴근하는 커뮤터들을 잡기 위한 비즈니스는 앞으로 더 번창하지 않을까 싶습니다. 커뮤터에게만 제공할 수 있는 특별한 서비스가 무엇일지 고민해보면 어떨까요?

선물하기 애매했던 것들의 반항

일상에서 선물이 필요한 경우는 의외로 많습니다. 하지만 그럴 때마다 어떤 선물을 해주는 것이 좋을지 늘 고민이 됩니다. 선물은 일명 마케팅에서 말하는 STP가 잘 맞아야 합니다. 적절한 선물 카테고리와 선물을 받는 대상에 대해 생각해보고segmentation, 선물을 받는 대상과 선물을 최종적으로 결정하고targeting, 받는 사람에게 이 선물이 어떤 의미로 다가갈 수 있는지positioning 고민해봐야 한다는 뜻입니다. 즉 여러 변수를 총체적으로 고려한 뒤 최상의 상품을 골라야 합니다.

이런 고민 과정에서 당연하게 제외되는 카테고리들이 있습니다. 대표적인 사례가 책입니다. 책은 웬만큼 친하지 않고서는 선물하기 힘든 품목입니다. 일단 지인이 무슨 책을 좋아하는지 잘 모르는 경우가 많습니다. 이 책을 마음에 들어 할지 고민이 필요한, 전적으로 '취향'과 관련된 품목이기 때문입니다. 선물의 명분이 오로지 취향과 관련이 있기에 선물을 받는 사람에 대한 이해도가 높지 않은 이상, 책을 선물로 선택해 감동을 주기는 대단히 힘듭니다. 선물을 받는 사람 입장에서도 '이 사람은 나에 대해 이 정도밖에 알지 못하나'라는 불필요한 오해를 불러일으킬 위험도 있어 주의가 필요합니다.

당신을 위한 날에 어울리는 책

선물의 명분을 취향이 아니라 '날짜'에 주목한 사례가 있습니다. 키테 마루노우치점에 있는 마루노우치 리딩 스타일Marunouchi Reading Style에서 발견한 버스데이 분코BIRTHDAY BUNKO가 그것입니다. 이 섹션에는 날짜별로 포장된 책들이 진열되어 있습니다. 하나의 날짜에 한 권의 책, 그러니까 총 365권이 이곳에 진열되어 있는 거죠.

버스데이 분코는《앞으로의 책방》이라는 책에서 처음 알게 되었습니다. 이 책은 일본의 도서 유통 회사에서 일하다가 퇴직한 후 1인 출판사와 서점을 차린 기타다 히로미쓰가 '책방이란 과연 무엇인가'란 질문에 대한 답을 찾기 위해 써 내려간 기록입니다. 기타다 히로미쓰는 왜 사람들이 책을 선물하지 않는지 곰곰이 생각해보았다고 합니다. 그

결과 오히려 제목과 내용을 살펴보면서 책 고르는 일에 더 어려움을 느끼는 소비자들을 발견했다고 해요.

책을 선물하는 것은 사실 약간의 용기가 필요합니다. 그것은 책 내용이 선물하는 상대에 맞을지 안 맞을지 알 수 없고, 어쨌든 강요가 되어버리기 때문입니다. 그렇다면 책의 내용과 관계없이 누구라도 1년에 한 번 맞이하는 '생일'을 주제로 하면 괜찮겠다는 생각이 들었습니다. 그 날에 태어난 유명인의 책이라면 내용에 상관없이 선물하기 쉬울 테니까요.

기타다 히로미쓰, 《앞으로의 책방》(여름의 숲, 2017)

그래서 저자는 생일이라는 '날짜'에 주목했습니다. 그러고는 해당 날짜에 태어난 작가가 쓴 책을 블라인드blind 형태로 판매했습니다. 그러자 어떻게 되었을까요? 선물을 건네는 사람이 책 제목과 내용을 모르자 오히려 책을 선물하기 시작했다고 합니다. 내가 고른 책이 아니기에 선물 받는 사람의 취향과 다른 책이어도 괜찮아진 거죠. 또 선물을 받는 사람의 생일과 같은 날짜에 태어난 작가가 그 책을 썼다는 연결성도 갖출 수 있게 되었습니다. 이렇게 선물하기 애매한 품목이었던 책을 사람들은 선물하기 시작했습니다.

쌀도 선물이 되나요

선물 시도조차 하지 않았던 애매한 품목이 있습니다. 바로 쌀입니다. 쌀을 선물하지 않았던 몇 가지 이유가 있습니다. 우선 쌀은 소량 판매를 하지 않는다는 점입니다. 가장 작은 단위가 국내 기준으로는 500g입니다. 이후 단위는 1kg, 5kg, 10kg, 20kg으로 넘어가죠. 선물하기에는 애매한 사이즈와 무게입니다. 또 선물하는 사람 입장에서는 쌀을 선물할 명분을 찾을 수가 없습니다. 보이는 형태나 모양으로는 쌀이 다 비슷하다 보니 굳이 이 쌀을 골라서 선물한 이유를 설명하기가 힘듭니다.

일본에서는 쌀을 선물 품목으로 생각하고 실제로 선물도 한다는 사실을 발견했습니다. 키테 마루노우치점에서 도보로 5분 정도 떨어진 곳에 있는 아코메야 도쿄AKOMEYA TOKYO에서는 고객이 원하는 만큼 쌀을 포장해줍니다. 1~2인분의 소량이라도 상관없습니다. 게다가 휴대하거나 선물하기 좋도록 손잡이까지 달린 포장 용지에 담아줍니다. 완성품을 보니, 어떻게 포장하느냐에 따라 선물하기 애매했던 품목도 선물이 될 수 있겠다는 생각을 했습니다.

다른 이유로는 쌀의 특징을 알기 쉽게 보여준다는 점을 들 수 있습니다. 이는 해당 쌀을 왜 선물하는지 설명해주는 근거가 되었습니다. 꼭꼭 씹어 먹어야 하는chewy, 가볍게 씹어 먹을 수 있는light, 딱딱한firm, 부드러운soft 등 다양한 기준을 통해 각각의 쌀이 가진 특징을 객관화해 보여주기도 하고, 쌀과 관련해 전문가와 상담할 수도 있습니다.

쌀을 선물하면서 왜 이 쌀을 선택했는지 그 의미를 설명할 수 있게 된 거죠. 이는 곧 선물의 '명분'이 됩니다. 이처럼 다양한 카테고리에서 선물하기 애매했던 것들의 반항이 일어나고 있었습니다. 평소에 선물하기에는 어딘지 모르게 애매했던 품목이 무엇인지 생각해보고, 이를 선물로 기획해보는 실험도 재미있는 시도가 되지 않을까요?

▶ 쌀 전문점 아코메야 도쿄에서 정성스럽게 포장된 쌀
▼ 쌀의 특징을 객관적 기준으로 설명해 선물의 명분을 만들었다

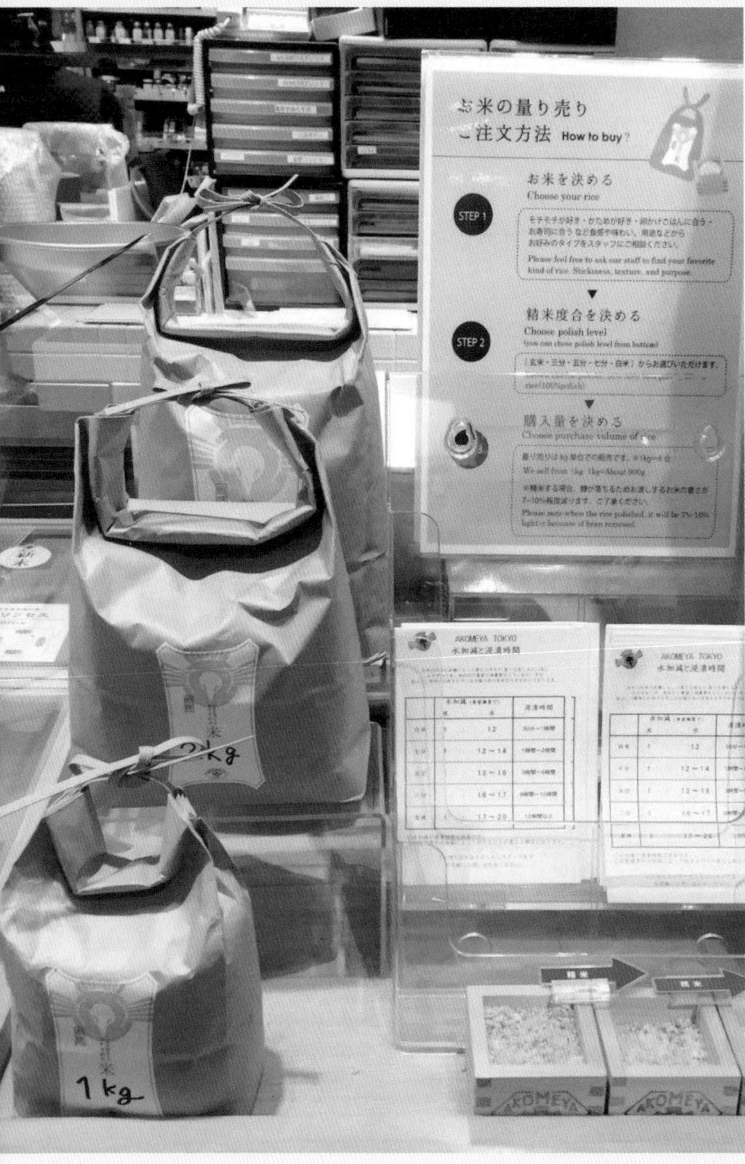
注文方法 How to buy?
お米を決める
Choose your rice
STEP 1
Please feel free to ask our staff to find your favorite kind of rice. Stickiness, texture, and purpose.
精米度合を決める
Choose polish level
STEP 2
購入量を決める
AKOMEYA TOKYO
水加減と浸漬時間
1kg
AKOMEYA

선물 고민을 해결해드립니다

일본에서 경험한 선물 관련 기획 중 기억에 남는 다른 사례도 있었습니다. 후쿠오카 여행 때 텐진에서 알게 된 버스데이 바BIRTHDAY BAR라는 곳입니다. 버스데이 바는 '생일', '365일 있는 선물 찬스'를 키워드로 한 선물 셀렉트숍입니다. 이름 그대로 생일 선물을 고르는 데 최적화된 매장이죠. 생일 선물뿐만 아니라 출산 선물, 결혼 선물 등 선물하기 좋은 상품이 다수 진열되어 있습니다. 생일 선물로 무엇을 사주면 좋을지 늘 고민인 분들이 분명 많을 겁니다. 친구에게 어떤 선물을 하는 게 좋을까부터 선물할 때 함께 전달할 편지지, 선물 상자 등도 모두 골라야 하죠. 이런 고민을 해결해주는 곳이 바로 버스데이 바였습니다.

이곳에서는 트렌드에 맞춰 생일 선물로 무엇을 주면 좋

을지 종합적으로 제안해주고 있었습니다. 또 선물과 함께 전달할 축하용 편지지와 엽서가 모여 있고 선물을 포장할 수 있는 생일 선물용 상자도 판매하며, 파티용품까지 모두 갖춰져 있었죠. 즉 생일과 관련된 모든 물품을 구매할 수 있는 곳이라고 생각하면 됩니다.

이런 기획 덕분에 고객이 누군가의 생일 선물을 준비할 때에는 버스데이 바를 가장 먼저 떠올리게 됩니다. 생일 선물로 줄 수 있는 대부분의 품목이 이곳에 있고, 생일 준비도 한꺼번에 할 수 있기 때문입니다. 버스데이 바는 트렌드에 맞춰 물품도 계속 바뀝니다. 현재 유행하는 트렌드를 반영한 선물을 준비할 수 있다는 장점도 갖추고 있죠.

앞으로도 누군가에게 선물을 건네는 경우는 크게 줄어들지 않을 것 같습니다. 생일 선물뿐만 아니라 집들이 선물, 크리스마스 선물, 연말 선물 등 선물을 주는 경우는 대단히 많으니까요. 그렇다면 특정한 상황에 대비한 선물에 특화된 매장을 시작해보거나, 관련 서비스를 제공해보는 건 어떨까요? 가령 생일에 집중한 일본의 버스데이 바처럼, 집들이에 집중한 하우스워밍Housewarming 바를 기획해보는 거죠. 1인 가구가 늘어나면서 나만의 공간을 갖는 경우가 점차 많아지고, 집들이도 그에 비례해서 늘어나기 때문입니다. 제 주변에도 자취하는 친구들이 집들이하는 경우가 점점 늘어나고 있는데요. 집들이를 갈 때마다 '이번에는 어떤 선물을 사갈까' 고민이 되는 것도 사실입니다. 이런 고민을 해결할 수 있는 곳이 하우스워밍 바가 될 수 있지 않을까요?

지금까지 아직 주목받지 못한 커뮤터와 같은 타깃에 대해 그리고 책이나 쌀처럼 선물로는 활용하지 못했던 카테고리에 대해 살펴봤습니다. 주목받지 못했다는 말은 새로운 기회가 있다는 의미이기도 합니다. 고객 입장에서는 색다른 신선함을 느낄 수 있는 기회이기도 하죠. 기존에 있는 것에서 불편함을 개선하기 위해 디테일을 보강하는 작업도 물론 의미 있지만, 존재하지 않던 분야에서 고객의 요구사항을 파악해 새로운 기획으로 선보이는 작업도 넓은 의미의 디테일이 아닐까 싶습니다.

●○○○○ DAY 1

작은 디테일이 만드는 큰 차이, 키테 2

고객을 위한 작지만 큰 배려

요즘은 카페에서 업무나 공부를 하는 모습을 흔하게 볼 수 있습니다. 사람들은 완전한 침묵이 흐르는 조용한 도서관이나 독서실보다는 백색소음이 어느 정도 있는 공간을 선호하며 이곳에서 집중력을 요구하는 활동을 하곤 합니다. 그중에서도 카페의 창가 좌석은 거의 만석입니다. 중간중간 바깥 풍경을 바라보며 잠깐의 휴식을 즐길 수 있기 때문입니다. 그러나 창가 자리에서 자주 발생하는 불편함이 있습니다. 바로 한 사람이 여러 좌석을 차지한다는 점입니다.

예를 들면 자신이 앉을 좌석 옆자리에 가져온 짐을 올려두는 식인데요. 보통 한 사람이 최소 두 개 좌석을 차지하게 됩니다. 이 상황을 두고 불편한 건 카페 주인과 자리를 찾는 다른 소비자 양측 모두입니다. 최대한 많은 고객을 수용해 매상을 올리고 싶은 카페 주인에게는 한 사람이 여러 좌석을 차지하는 불편한 상황이 눈앞에서 펼쳐지고, 카페를 이용하고 싶은 다른 소비자는 짐을 치워줄 수 있는지 물어봐야 하는 불편한 상황을 맞이하는 것이죠.

이를 지혜롭게 해결한 아이디어를 키테 내부의 마루노우치 리딩 스타일에서 찾았습니다. 이곳은 카페와 식당 그리고 서점까지 함께 운영하는데요. 창가 자리마다 짐을 담을 수 있는 상자가 의자 아래 놓여 있었습니다.

이렇게 상자 하나 뒀을 뿐인데, 각자 가져온 짐을 자신이 앉은 의자 밑 상자에 넣어두니 한 자리에 한 명씩 앉을 수 있었습니다. 자리에 앉는 고객은 내 짐을 어디다 놓아야 할지 고민하지 않아도 되고, 자리를 찾는 고객은 의자에 올려진 짐을 정리해줄 수 있는지 묻지 않아도 됩니다. 이렇게 작은 아이디어 하나 덕분에 평온한 카페가 되어 모두가 자신만의 시간을 보내고 있었습니다.

카페 창가에 놓인 상자는 결국 짐 보관 문제를 어떻게 해결할 수 있는지 보여준 사례이기도 합니다. 고객은 무언가를 휴대하기 원하다 보니 가방이나 종이봉투 안에 물품을 넣고 다니죠. 하지만 매번 들고 다녀야 하다 보니 생활 속에서 짐이 거추장스러울 때가 많습니다. 그래서 짐으로부터 고객을 해방시켜주기 위한 다양한 디테일이 나오고 있습니다. 한국에 돌아온 후, 짐 문제를 해결한 의자를 우리나라 카페에서도 접하곤 합니다. 여행 중 떠올린 생각 때문인지, 미처 여행을 떠나기 전에는 감지하지 못했던 풍경이나 사물이 눈에 들어옵니다.

일본의 플러스마이너스제로(±0)에서 만든 우산도 그 중 하나입니다. 플러스마이너스제로는 일본의 유명한 산업 디자이너이자 무지MUJI의 디자인 자문위원인 후카사와 나오토와 일본의 완구업체인 다이아몬드의 합작 프로젝트로 만들어졌으며, '넘치지도 모자라지도 않는 딱 적당한 그것'

을 모토로 삼아 도구와 생활의 조화를 꾀하는 브랜드입니다. 후카사와 나오토가 디자인한 장우산의 손잡이를 보면 작은 홈이 파여 있습니다. 이 홈은 가방이나 비닐봉지를 걸어두는 용도로 고안된 것이죠. 사람들이 우산과 가방을 둘 다 들고 다닐 경우, 우산 손잡이에 가방을 걸친다는 사실을 관찰하고 만든 우산입니다. 장우산을 들고 외출하면 가방 안에 우산이 들어가지 않기 때문에 한 손에는 우산, 다른 한 손에는 가방을 들게 되는데요. 지하철 등에서 잠깐 멈춰 섰을 때 이 홈에 가방을 걸어두고 한 손으로 다른 활동을 할 수 있도록 배려하여 디자인했습니다.

이뿐만 아니라 책상에 간단하게 설치해 사용할 수 있는 가방 호크도 간편한 방식으로 짐 문제를 해결할 수 있는 아이디어이며, 인천공항이 제공하는 겨울 외투 보관 서비스도 더운 나라로 여행을 떠나는 여행객의 불필요한 짐을 줄여주기 위한 아이디어입니다. 명동에 있는 한 화장품 매장은 여행객의 캐리어를 보관해주며 편하게 쇼핑할 수 있도록 배려하기도 하죠. 짐이 주는 귀찮음을 조금이나마 덜고 싶은 고객을 위해 어떤 아이디어가 나올 수 있을지 생각해보는 일도 디테일의 격을 높이는 방법입니다.

특별한 콘셉트로 니치 타깃 공략에 나선 매장들

키테는 개인이 운영하는 상점이 수두룩하다 보니 콘셉추얼 스토어가 많습니다. 다른 곳에서는 발견하기 힘든 스토어들이 있기 때문에 구경하는 재미가 쏠쏠하죠. 키테에서 독특한 기획력과 콘셉트로 제 눈에 띈 세 곳을 소개하고자 합니다.

컨펙트CONFECT – 중장년 남성층을 핵심 고객으로

사실 밖에서 컨펙트 스토어를 봤을 때는 다른 패션 스토어와 무엇이 다를까 생각했습니다. 그러나 안으로 들어가 살펴보면서 깜짝 놀랐습니다. 가게 문 앞에 붙어 있던 화보의 모델이 일반적인 패션 스토어와는 달리 노년의 남성이었기 때문입니다.

컨펙트는 리넨 의류를 주로 다루면서 일본의 2030 여성에게 잘 알려진 네스트 로브nest Robe의 남성 라인 브랜드입니다. 남성 라인의 경우 리넨 의류보다 다양한 소재를 활용한 평범하지 않은 디자인 제품이 많습니다. 또한 브랜드의 모토처럼 자연 소재와 착용감을 중요시하며 심플하면서도 실용적인 옷을 추구합니다. 즉 입었을 때 편한 옷을 직접 제작하여 판매하고 있습니다.

이 브랜드가 선정한 2017 F/W 룩북Look Book 모델은 바로 '노년 남성'이었습니다. 컨펙트가 메인 모델로 노년의

정면에서 바라본 컨펙트, 고급스러우면서도 포근한 느낌을 준다

노년의 남성이 패션모델로 등장한 화보가 붙어 있는 매장 문 앞

남성을 선택한 이유가 있습니다. 캐주얼 의류를 좋아하는 일본의 젊은 세대 대다수보다 고령화로 급성장하고 있는 중장년 남성층을 핵심 소비자로 봤기 때문입니다.

매장을 둘러보며 관찰한 소비자는 크게 두 가지 형태로 나뉘었습니다. 하나는 실제 중년 남성이 직접 옷을 고른 후 피팅룸에서 갈아입는 모습이었습니다. 점원은 중년 남성의 코디를 도와주고 있었습니다. 또 다른 하나는 젊은 세대가 선물을 고르는 모습이었습니다. 아마도 포스터에 나온 모델을 보며 아버지 또는 할아버지를 떠올렸을 테고, 신중히 상품을 고른 후 선물용으로 포장을 부탁했습니다.

중년 남성의 옷을 코디해주는 부분에서는 점원의 세심한 배려가 느껴졌습니다. 중년 남성은 머리숱이 적은 이유로 모자를 쓰고 다니는 경우가 많은데요. 이런 소비자를 위해 매장 내에는 다양한 디자인의 모자가 준비되어 있고 얼굴형에 어울리는 모자를 함께 매칭해주고 있었습니다. 또 나빠지는 시력으로 인해 안경을 항상 휴대하고 다니다 보니 안경집이 들어가는 작은 크로스백을 메고 다니는 어르신이 많습니다. 이 때문에 옷만으로 완성도 있는 패션보다 '일상생활에서 메고 다니는 크로스백에 잘 어울릴 수 있는 옷'을 코디해주기 위해 노력하는 모습도 엿보였습니다. 한 순간의 멋진 옷보다 평소에도 꾸준히 입을 수 있는 옷을 코디해주는 배려가 보기 좋았습니다.

이 모습을 보고 '시니어를 위한 럭셔리 패션 스토어'를 오픈해보면 어떨까 생각했습니다. 많은 사람이 할아버지, 할머니가 입는 옷은 당연히 시장 한구석에 있을 거라고 여기는데, 이런 고정관념을 깨보는 시도가 있으면 좋겠습니다. 럭셔리한 인테리어로 고급스러우면서도 포근한 느낌을 주고, 해당 매장의 옷을 입는 사람으로 하여금 자부심을 느끼게 해 단골로 만드는 것이죠. 그 안에서 시니어를 위한 디테일 포인트도 만들어볼 수 있습니다. 젊은 남녀가 아닌 실제 중장년의 모습을 본뜬 마네킹이 세워져 있다면 신선한 풍경이 될 것 같습니다. 거동이 불편하지만 옷만큼은 잘 입고 싶은 시니어를 위해 매달 정기적으로 옷을 받아볼 수 있는 정기 구독subscription 제품도 준비해보면 어떨까요. 효도하고자 하는 많은 자녀가 선물용으로 찾지 않을까 싶습니다.

일본과 한국 모두 노인 인구가 증가하면서 급속한 고령화를 겪고 있습니다. 이와 더불어 경제적 능력을 갖춘 중장년층이 소비의 핵심층으로 부상하면서 중장년을 겨냥한 비즈니스도 날개를 달았습니다. 일본의 츠타야 서점도 지금은 젊은 세대의 방문율이 높아지며 전 세대에게 사랑받는 서점이 되었지만 원래의 타깃은 중장년층이었습니다. 중장년이 머물러도 어색하지 않은 문화 공간을 만들고자 하는 취지에서 츠타야 서점이 탄생한 것이었죠.

한국에서도 중장년을 위한 온라인 또는 오프라인 사업을 해보면 어떨까요? 주목받지 못한 타깃이나 카테고리를 염두에 두고 새로운 무언가를 선보였을 때 가장 큰 마케팅 효과를 누릴 수 있습니다. 물론 실제 사용 가능성의 범주를 넓혀야 하는 점도 있지만요.

하코아Hacoa – 원목의 세계는 무한하다

두 번째 매장은 원목 제품을 다루는 크래프트숍, 하코아Hacoa입니다. 이곳의 모든 상품은 원목으로 만들어졌습니다. 휴대폰 케이스부터 인테리어 소품, 주방 소품, 게다가 컴퓨터 키보드와 마우스 같은 전자기기까지도 모두 원목입니다.

원목 제품으로 구성된 사무용 책상

매장 안으로 들어서면 원목 향을 가득 느낄 수 있습니다. 진열된 원목 제품에서 나는 향인 줄 알았으나, 알고 보니 계산대 옆 공간에서 원목 제품을 직접 만들고 있었습니다. 하코아는 원목 다듬는 현장을 고객에게 보여줌으로써 상품이 만들어지는 과정을 공유하며 신뢰성을 높였습니다.

이곳에서 발견한 재미있는 상품은 탁상용 달력이었습니다. 벽걸이형 달력은 월이 지나가면 옆이나 뒤로 넘겨야 합니다. 해가 바뀌면 새로운 달력을 사용해야 하죠. 이런 불편을 겪으며 저 역시 한 번 구매한 달력을 오랫동안 사용할 수 없을까 고민했는데, 하코아에서 좋은 상품을 발견했습니다.

하코아의 탁상용 달력은 기본적인 요일과 숫자 정보가 아크릴판에 표기되어 있습니다. 안에 들어간 흰색 종이만 양옆으로 이동하면 달력을 넘기거나 해가 바뀌어도 새로 구매할 필요가 없다는 장점이 있죠.

어떻게 이런 아이디어를 낼 수 있었을까 감탄하면서 한편으로는 고객의 불편이 의외로 간단하게 해결될 수 있다는 생각이 들었습니다. 여러 사람이 이 탁상용 달력을 구매하는 모습을 보며 비록 가격은 비쌀지라도 제품의 통상적인 유효기간을 연장한다면 또 다른 구매 동기가 될 수 있다는 점도 깨달았습니다. 하코아가 고객의 구매를 끌어내는 다른 지점은 '같은 제품이 하나도 없다'는 것입니다. 하나하나 수공예로 제작해 보니 완전히 똑같은 모양의 제품이 없었습니다. 그래서인지 마음에 드는 제품이 눈에 띈다면 고객의 지갑이 쉽게 열리는 편이었습니다. 유니크한 제품이 갖는 장점이었죠. 재료가 원목으로 한정되었다는 것은 원목으로 제작할 수 있는 범위가 어디까지일지 보여줄 수 있다는 말로도 해석됩니다. 원목 제품을 향한 상상력을 펼친 하코아는 매우 인상 깊은 매장이었습니다.

아크릴판에 요일이 표기된 하코아의 탁상용 달력

타비오Tabio – 우리는 양말만 공략한다

그다음은 럭셔리 양말 매장 타비오입니다. 매장에 들어서자마자 알록달록한 양말 디스플레이에 압도당하게 됩니다. 사실 지하철 지하상가에 있는 양말 가게를 제외하고는 양말이라는 단일 품목으로 쇼핑몰에 입점한 경우가 흔하지 않습니다. 양말은 패션의 부차적인 부분이자 액세서리로 분류되어 의류 매장 한쪽에서 찬밥 대우를 받는 품목입니다. 그랬던 양말이 메인 품목이 되어 고풍스러운 매장의 핵심 상품으로 바뀐 것입니다.

타비오에서 제 시선을 사로잡은 것은 양말 마네킹이었습니다. 항상 양말을 구매하면서 '실제 발 사이즈에 맞춰

신으면 어떤 모습일까' 생각했기 때문입니다. 양말은 일반 의류와 달리 그 자리에서 신어볼 수 없어 디스플레이만 보고 구매해야 합니다. 하지만 집에 가져와서 신어보면 생각했던 것보다 사이즈가 작은 경우도 있고, 패턴이 늘어나는 경우도 있으며 발과 발목의 컬러 구분이 예상과 다른 경우도 있습니다. 또 양말이 어느 길이까지 올라오는지도 신어봐야 알수 있습니다.

이 고민을 타비오에서 해결할 수 있었습니다. 메인 상품의 경우, 발 마네킹이 이 상품을 신고 있어 실제 신어봤을 때의 모습을 알 수 있습니다. 거기다 남성과 여성의 발 마네킹이 각각 있어 남성 고객이 신었을 때와 여성 고객이 신었을 때의 모습을 따로 살펴볼 수 있습니다. 남녀 공용이라는 직원의 말에 구매했지만 실제로 남자가 신기에는 양말이 작아 난감했던 경험이 있었는데요. 타비오에서는 이

타비오에 있는 양말 마네킹 ©MOLLYGO

런 걱정을 미리 해결할 수 있습니다. 양말을 진열대에 매달아둔 것보다 더 깊고 세심하게 고객의 입장에서 고민한 사례라고 생각합니다.

컨펙트, 하코아, 타비오 세 매장의 공통점은 '전문화'입니다. 좁은 타깃을 대상으로 고객을 끌어들이려고 노력하며, 작은 분야거나 부차적인 품목이라도 완전한 전문화로 승부를 본 것이죠. 이 점은 고객에게도 매우 유효한 전략입니다. 어떤 품목이 필요할 때 해당 매장을 1차 목적지로 정할 수 있기 때문입니다. 적은 수의 타깃이더라도 제대로 된 전문화와 콘셉트만 갖춘다면, 온라인의 강세 속에서 휘청거리는 오프라인 매장의 위기도 이겨낼 수 있지 않을까요?

남성과 여성의 수건 사용 방식을 관찰하다

생활을 관찰하면 디테일 아이디어가 나온다는 걸 깨닫게 한 브랜드가 있습니다. 키테 마루노우치점에서 더 숍The Shop이라는 매장에 들어갔습니다. 심플하면서도 재미있는 아이디어 상품이 많아 둘러보던 중 제 눈에 들어온 것이 있었습니다. 바로 '수건'이었는데요. 다만 일반적인 수건과는 다르게 여성을 위한 수건, 남성을 위한 수건으로 나누어져 있었습니다. 굳이 비슷한 용도로 사용하는 수건을 왜 여성용과 남성용으로 나누었을까 궁금했는데, 제 생각이 짧았음을 나중에야 알았습니다.

제가 발견한 것은 더 타월The Towel에서 출시한 수건이었습니다. 이 브랜드는 '수건이 어떠해야 하는지'에 주목했습니다. 더 타월이 처음부터 이런 생각을 한 것은 아닙니다. 처음 수건을 연구하기 시작했을 때에는 고급 소재를 사용해 최고급 수건을 만들자는 정도에서 생각이 그쳤습니다. 그래서 수피마 코튼Superior Pima Cotton이라고 불리는 35mm 이상의 긴 섬유 길이를 갖는 희귀 고급 면을 사용해 부드럽고 유연하며, 흡수성이 높으면서도 광택감이 아름다운 수건을 만들고자 했습니다. 하지만 소재를 선택하던 이들은 한 가지 사실을 깨달았습니다.

'여성과 남성은 수건 사용 방식이 다르구나.' 여성은 피부를 먼저 생각하기에 천천히, 부드럽게 수건을 사용합니다. 서두르지 않고 수건의 감촉을 느끼면서 사용하죠. 이에 반해 남성은 빠르고 거침없이 수건을 사용하는 경우가 많습니다. 같은 수건이지만, 남성과 여성은 수건을 다르게 사용하고 있었던 것이죠. 그래서 더 타월은 하나의 수건으로는 남성과 여성을 모두 만족시킬 수 없기에 각각을 위한 수건을 출시해야겠다는 생각을 했습니다. 그렇게 해서 여성용 수건What a wonderful towel for ladies과 남성용 수건What a wonderful towel for gentlemen이 출시되었습니다.

두 가지 형태의 수건은 각각의 사용자에게 최적화되어 있습니다. 항상 피부를 생각하며 수건과 피부의 마찰을 최소화하려는 여성 사용자를 위해 부드러운 실 소재를 더 함유하고 실의 꼬임 횟수를 높여 감촉을 최대한으로 느끼도록 만들었습니다. 천천히 부드럽게, 수건의 감촉을 느끼며 피부를 닦아내는 여성 고객의 특성을 반영한 것입니다.

이에 반해 간단한 사용으로 끝나는 남성 사용자를 위해서는 쓱쓱 문질러도 수분을 닦아낼 수 있도록 일반 수건의 두 배 밀도로 방직을 함과 동시에 몇 번만 닦아도 신체의 많은 부분을 커버할 수 있도록 볼륨감 있는 수건을 출시합니다. 여성과 남성의 수건 사용 방식을 자세히 관찰하여 더 좋은 수건을 만들기 위한 노력이 돋보였고, 고객을 위한 한 끗 차이가 이 제품에 담겨 있다는 생각이 들었습니다.

여성과 남성의 수건이 구분되어 있다(위: 여성, 아래: 남성)

왜 규격화된 접착식 메모지만 사용해야 할까?

이 책 80쪽에 썼듯 저는 접착식 메모지를 자주 사용합니다. 하지만 매번 규격화된 접착식 메모지를 사용해야 하는 점이 불편하게 느껴졌습니다. 간단히 쓰고 싶을 때는 짧게 사용하고, 쓸 내용이 많을 때는 길게 사용할 수 있도록 어느 정도 자율성을 갖출 수는 없을까 하는 생각도 들었죠. 다만 저 자신도 개선점을 찾지 못한 터라 '최대한 여러 사이즈의 접착식 메모지를 구매한 뒤 상황에 맞는 것을 사용하자'는 결론을 내린 상태였습니다. 그러다 키테의 굿 디자인 스토어 도쿄Good Design Store Tokyo에서 테이프처럼 끊어서 사용하는 접착식 메모지 스티키 노츠Sticky Notes를 발견했습니다.

테이프처럼 끊어서 사용하는 스티키 노츠

이 제품을 보자마자 제가 평소에 느꼈던 불편을 해결해 줄 수 있겠다는 생각이 들었습니다. 짧을 때는 짧게, 길 때는 길게 고객이 얼마든지 조절해 사용할 수 있는 거죠. 쓰고 싶은 만큼 끊어서 사용하는 접착식 메모지가 더 다양한 사이즈로 출시된다면, 접착식 메모지를 좀 더 유연하게 사용하고 싶은 고객에게는 큰 도움이 되지 않을까요?

나중에 알고 보니, 스티키 노츠는 일본에서도 큰 인기를 끌었고 그 결과 2017년 Good Design Best 100에 꼽혔으며 제조 부문 디자인 특별상*까지 받았다고 합니다. 누구나 불편을 느꼈지만 적극적인 개선이 이루어지지 않다가 이를 반영한 상품이 나오자 큰 인기를 끌게 된 대표적인 사례가 아닐까 싶습니다.

* Good Design Special Award 2017 [Design of Production Development] 수상

공간을 만들어주는 세로형 갑티슈 케이스

"이게 있으면, 침대 테이블을 더 넓게 쓸 수 있겠는데?" 세로형 갑티슈 케이스를 본 친구가 말했습니다.

저는 침대 테이블이나 책상 위에도 가로형 갑티슈를 두지 않아 공간의 제약을 느끼지 못했는데요. 어느 날 가로형 갑티슈가 의외로 공간을 차지해 불편하다는 말을 들었습니다. 갑티슈는 휴지를 한 장씩 뽑아서 사용할 수 있다는 장점이 있지만, 가뜩이나 좁은 곳에서는 공간을 많이 차지하니까요.

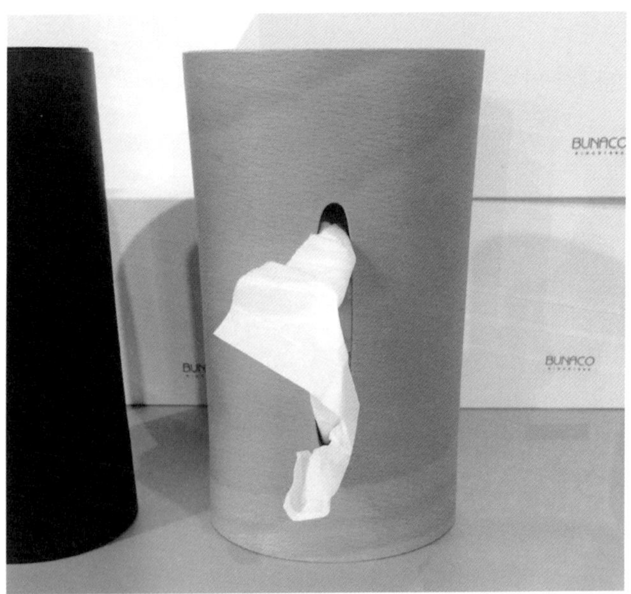

세로형으로도 활용할 수 있는 갑티슈 케이스

사진 속 제품은 아오모리현에서 10년 넘은 밤나무를 활용해 목공품을 만드는 부나코BUNACO에서 제작한 케이스입니다. 심플하면서도 꼼꼼한 만듦새, 게다가 우수한 디자인까지 갖추면서 큰 인기를 얻어 '굿 디자인 어워드 2009GOOD DESIGN AWARD 2009' 수상작으로 꼽히기도 했습니다. 사실 이 갑티슈 케이스는 가로형, 세로형에 관계없이 사용할 수 있는 디자인이라고 합니다. 하지만 세로형으로 세워서 사용할 수도 있다는 기능을 추가하면서 다른 가로형 갑티슈들과 차별화를 드러내는 데 성공했습니다. '세로형으로는 사용할 수 없을까'라는 생각 하나가 만들어낸 큰 차이입니다.

위에서 소개한 사례들이 누군가에겐 별 볼 일 없는 시도처럼 보일 수도 있습니다만 '이렇게는 왜 안 될까?', '이런 불편이 있는데 이렇게 개선해보면 안 될까?', '이 제품의 본질적인 역할은 무엇일까?', '사용자는 이 제품을 어떻게 이용하고 있을까?' 등 깊은 고민을 불러오는 사례들이어서 개인적으로는 정말 좋았습니다.

Tokyo

모마 디자인 스토어, 디자인 페스타 갤러리, 커뮨 세컨드, 히카리에 쇼핑몰 8/

●●○○○ DAY 2

기차 건널목에서

©oasis2me/Shutterstock.com

Tokyo

신호등의 소소한 알림

저는 여행지에 도착하면 숙소가 있는 동네 분위기를 최대한 이해하며 현지인처럼 살아보려고 합니다. 일명 '나만의 동네 갖기'라고나 할까요. 만약 이곳에 거주한다면, 나와 잘 맞는지 현실적인 관점에서 체험해보는 거죠.

도쿄 여행 첫날, 숙소에 도착하자마자 짐을 풀고 바로 도쿄 시내로 향했습니다. 이후 밤늦게 돌아온 까닭에 숙소 주변을 제대로 둘러볼 시간이 없었습니다. 그래서 둘째 날 아침, 동네를 둘러보기 시작했습니다. 제가 숙소를 잡은 시나가와는 번화가와는 다소 거리가 떨어져 있는 지역이었습니다. 사람이 많지 않아 크게 붐비지 않고 주민 모두 자기 일에 집중하는, 그런 여유로움이 있는 곳이었죠.

이 동네의 가장 큰 특징은 기찻길이었습니다. 기찻길이 동네 곳곳을 가로질러 어디서든 기차 소리가 익숙하게 들렸습니다. 시끄럽지는 않을까 걱정되었지만, 이미 동네 주민들에게는 그조차도 일상이 된 것 같았습니다. 기차가 도로 중앙을 가로지르다 보니 건널목도 정말 많았습니다. 건널목을 지난 뒤 한 블록을 가면 또 건널목이 나올 정도였으니까요. 그야말로 '건널목의 동네'였습니다.

차단봉이 내려오면 지나가는 기차를 구경하며 즐거웠던 마음도 어느새 사라지고 멍하게 기다리던 찰나, 제 눈에 띈 것이 있었습니다. 기차가 어느 방향에서 올지 알려주는 건널목 신호등이었습니다.

제 경험상 기차 건널목에 서 있는 경우 고개를 좌우로 저어가며 살폈던 적이 많았습니다. 어느 쪽 방향에서 기차가 오는 걸까 하면서 말이죠. 방향이 다른 선로 두 개가 앞에 있다고 가정했을 때, 기차가 올 때 더 조심해야 하는 쪽이 있습니다. 내 앞에 있는 선로 즉 내가 타야 하는 방향으로 기차가 들어온다면, 그 뒤에 있는 반대 방향 선로로 기차가 오는 경우보다 더 조심해야겠죠. 기차 소음에 대비해야 하기도 하고, 혹시 모를 일을 예방하는 차원에서 거리를 더 띄워야 하는 경우도 있습니다. 대신 뒤 선로(반대 방향)로 기차가 온다는 표시를 보면, 내 앞으로는 바로 기차가 지나가지는 않겠다고 생각하며 긴장감을 조금 풀 수도 있습니다.

작은 신호에 불과하지만 건널목에서 대기하는 시민들을 배려한다는 사실을 느낄 수 있는 포인트였습니다. 만약의 사고에 직면했을 때도 상황 파악을 위해 유용하게 쓰일 수 있는 인프라가 아닐까 싶었습니다.

歩行迂回路へのご案内
一旦停止
カメラ監視中
お願い

●●○○○ DAY 2

오모테산도를 가다

©Moarave/Shutterstock.com

오모테산도表参道, Omotesando는 시부야와 더불어 도쿄의 대표적인 번화가로 꼽히는 곳입니다. 서울과 비교해보면 명동과 홍대를 합쳐놓은 곳이라고 할 수 있습니다. 메인 스트리트에는 해외 유명 브랜드들이 있어 럭셔리한 쇼핑타운 느낌이 나기도 하지만, 골목 안으로 조금만 들어가도 로컬 브랜드와 개성 넘치는 가게를 볼 수 있습니다. 또 자유롭게 버스킹 공연이 펼쳐지며 각종 개인 편집매장도 굳건히 자리를 잡은 곳이기도 합니다.

저는 번화가를 그리 좋아하지 않습니다. 유명 브랜드들이 특색 없이 단순 나열되어 있다는 생각이 몇 차례의 경험을 통해 강렬하게 남았기 때문입니다. 하지만 오모테산도를 보며 전혀 다른 두 문화가 어떻게 한 지역 안에 공존할 수 있는지, 어떻게 오모테산도만의 분위기와 모습이 만들어졌는지 궁금했습니다.

오모테산도의 유명 브랜드 매장보다는 특별한 아이디어를 선보이는 곳을 주로 방문했고, 그곳에서 얻은 작은 디테일 포인트를 나누고자 합니다.

●●○○○ DAY 2

늘 새로움을 원하는 고객을 위한 모마 디자인 스토어

모마 디자인 스토어가 연말 선물을 제안하는 방법

오모테산도에는 모마 디자인 스토어MoMA Design Store가 있습니다. 이곳은 뉴욕현대미술관The Museum Of Modern Art에서 선정한 디자인 제품을 판매하는 곳입니다. 일상에서 흔하게 사용하는 물건들에 특별한 디자인과 기발한 아이디어를 입힌 상품이 많아 오모테산도를 찾는 이들이라면 꼭 한 번은 방문하는 곳입니다.

모마 디자인 스토어에 입장하며 가장 먼저 눈길을 끈 것은 매장 입구에 있던 선물 큐레이션 설치물이었습니다. 이 섹션에는 For Him, For Her, For Kids라는 세 개 타깃군이 매우 명확하게 구분되어 있었고, 각 타깃군에게 어떤 선물이 좋을지 매장 내 상품과 함께 추천해주고 있었습니다.

제가 도쿄에 방문한 시기가 2017년 12월 초이다 보니, 크리스마스 선물과 연말 선물을 고르는 분위기가 한창이었습니다. 많은 사람이 누군가에게 줄 선물을 고르기 위해 물건을 이것저것 들었다 놓기를 반복하고 있었는데요. '이 사람을 위한 이런 선물은 어떤가요.' 모마 디자인 스토어에

직관적으로 큐레이션한 매대로 연말 선물을 제안한 모마 디자인 스토어

서는 이처럼 직관적으로 큐레이션하고 있었습니다. 고객의 발길은 자연스럽게 매장 입구에 있는 이 섹션에 갈 수밖에 없었을 겁니다. 어떤 선물을 할지 고민하던 고객들은 명료한 큐레이션에 좋은 인상을 받고 매장이 직접 추천해주는 상품에 손길이 가게 되죠.

선물 시즌에는 모마 디자인 스토어처럼 특정 타깃군을 위한 선물 후보군을 매장 입구에 선보이면 어떨까요? 만약 온라인이라면 홈 화면이 되겠죠. 이 매장에서 구매할 마음이 없던 고객이라도 선물을 직접 알아보는 데서 오는 피로감으로부터 해방되고자 이런 명쾌한 제안에 흔쾌히 지갑을 열 것 같습니다.

결합으로 돌파구를 찾는 매장들

모마 디자인 스토어를 빠져나와 해당 층을 둘러보다 새로운 형태의 매장을 보았습니다. 처음에는 사람들이 줄을 서서 음료를 받고 있어 카페인 줄 알았는데요. 옆으로 시선을 돌려보니 신발이 있었고 조금 더 돌려보니 의류가 있었습니다. 의류 매장과 카페를 결합한 형태의 공간이었습니다.

고객들은 여전히 새로운 곳을 원합니다. 지금까지 다양한 업태가 끊임없이 등장했지만, 새로운 시도는 항상 존재합니다. 오프라인 매장의 최대 장점 중 하나는 아직 겪어보지 못한 특별한 경험을 해볼 수 있다는 것입니다. 제가 본 매장처럼 의류 매장과 카페를 합쳐서 선보인 것도 고객에

신발 매장과 카페의 결합

게 새로움을 주기 위한 점주의 고민에서 출발하지 않았을까요? 기존의 것들을 합쳐보는 일만으로도 새로움을 엿볼 수 있다고 생각합니다. 일본의 몇 년 전 모습처럼 우리나라에서도 주택이나 목욕탕 등을 개조해 카페, 식당, 문화 공간 등으로 만든 장소가 많아졌습니다. 기존의 공간에 어울리지 않을 법한 업태가 들어오면서 새로움을 만든 사례입니다.

일본에서는 한 공간에 두 가지 업태를 결합하는 사례가 점점 늘어나고 있습니다. 앞서 언급한 사례뿐 아니라 서점과 숙박이 합쳐진 북 앤 베드 도쿄BOOK AND BED TOKYO, 또 2017년 11월 츠타야가 새롭게 선보인 복합 문화 공간 츠타야 북 아파트먼트TSUTAYA BOOK APARTMENT도 같은 맥락입니다. 탈의실과 샤워 시설을 갖춘 츠타야 북 아파트먼트는 24시간 운영되면서 여행객의 휴식처로 자리 잡았습니다. 한 가지 면으로 새로움을 주기 힘들다면 익숙한 것들의 결합으로 돌파구를 찾아보는 일도 해결책이 될 수 있습니다.

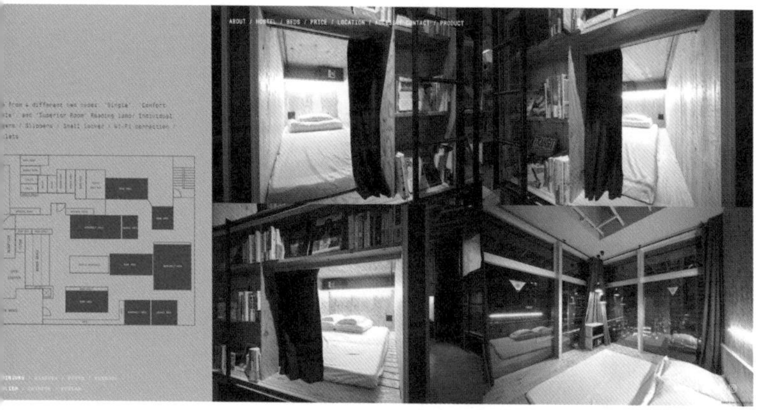

북 앤 베드 도쿄 책장 안에 침대가 있어 책을 읽다가 잠을 잘 수 있다.

츠타야 북 아파트먼트 서점과 편의점, 숙박 등 다양한 업태가 모여 만들어진 복합 문화 공간.

●●○○○ DAY 2

신인 예술가들이 합동하는 공간, 디자인 페스타 갤러리

아티스트는 언제나 대중 앞에 서고 싶어 합니다. 대중에게 자신의 작품과 예술관을 알리고자 노력합니다. 그리고 대중은 언제나 새로운 아티스트를 발견하고 싶어 합니다. '나만 아는 OO'이 유행어가 될 정도로 자신의 취향을 잘 대변해줄 수 있는 아티스트를 만나고 싶어 하죠. 하지만 새로운 아티스트는 신인인 경우가 많다 보니 대중에게 알려질 수 있는 기회가 많지 않은 것도 사실입니다. 그런 이유로 만들어진 곳이 바로 오모테산도에 위치한 디자인 페스타 갤러리DESIGN FESTA GALLERY입니다.

디자인 페스타 갤러리는 '소규모 합동 미술관'입니다. 크고 작은 70개 이상의 전시 공간에서는 회화, 일러스트를 비롯해 영상, 퍼포먼스 등 장르를 넘나드는 포괄적인 아트를 즐길 수 있습니다. 또한 작가들이 숙식할 수 있는 공간도 마련되어 있어 전 세계 각국의 유·무명 아티스트가 많이 찾는 공간이기도 하죠. 전시 공간마다 아티스트가 상주해 있는 경우가 많아 아티스트에게서 직접 작품 해설을 들을 수도 있습니다. 또한 갤러리 옆에는 카페와 바가 있어

가벼운 휴식도 취할 수 있고요.

주택을 리모델링했기 때문인지 천장 높이도 매우 낮고 방마다 공간도 협소했지만, 갤러리에서는 왠지 모를 포근함이 느껴졌습니다. 아마 관객과 아티스트가 친근하게 일대일로 이야기할 수 있는 정도의 크기인 데다, 한 공간당 한 명의 아티스트만 있어 다른 아티스트와의 묘한 경쟁심리가 없는 탓도 있을 겁니다. 덕분에 아티스트들이 서로 경쟁하기보다는 이야기를 나누며 영감의 원천을 공유하고, 관객이 찾아오면 웃으며 맞이합니다.

방마다 비치된 방명록도 흥미로웠습니다. 아티스트가 상주하는 방에서는 아티스트가 직접 작품 설명을 하지만, 아티스트가 개인 일정으로 전시실을 비우면 방명록이 관객들을 대신 맞이합니다. 관람객은 자유롭게 작품에 대한 느낌과 더불어 아티스트에 대한 응원을 방명록에 남길 수 있습니다.

방명록을 살펴보면 재미있는 관점의 차이를 볼 수 있습니다. 내가 느꼈던 점과 다른 관람객이 느꼈던 점이 어떻게 다른지, 혹은 어떤 점을 비슷하게 느꼈는지 등을 잘 알 수 있죠. 우리는 언제나 다른 사람의 생각을 궁금해합니다. 참여에 적극적이지 않았던 저 역시도 이곳에서는 자유롭게 의견을 적고 다른 사람이 적어둔 의견도 살펴봤습니다.

전시 관람을 좋아해 많은 전시를 보러 다녔지만 자신이

느낀 바를 현장에서 기록하고, 다른 관람객이 어떤 점을 느꼈는지 볼 수 있는 전시는 그리 많지 않았습니다. 방명록 대신 명함 케이스가 있는 경우가 대부분이었죠. 물론 아티스트가 자신을 알리기 위한 홍보도 중요하지만 그전에 자신의 작품을 관객들이 어떻게 생각했는지 담아보는 과정을 먼저 실행해보면 어떨까요? 더 깊은 커뮤니케이션을 통해 자신의 작품과 예술관을 이해해주는 관객을 만날 수 있는 기회니까요. 아티스트 입장에서도 다수를 타깃 삼아 명함을 뿌리는 일보다 소수의 팬을 만드는 일이 더 좋지 않을까 싶습니다.

작가의 방마다 비치된 방명록

●●○○○ DAY 2

푸드트럭이 모여 핫 플레이스가 되다, 커뮨 세컨드

이제는 어디서나 흔하게 푸드트럭을 볼 수 있습니다. 번화가뿐만 아니라 야외 축제에도 빠지지 않고 등장하더니 푸드트럭 창업자를 대상으로 요리연구가 백종원 씨가 컨설팅을 해주는 프로그램까지 생길 정도입니다. 하지만 고객 입장에서 생각해봤을 때 푸드트럭 방문은 일회성에 가까운 일입니다. 다시 그 장소, 그 축제를 방문하더라도 지난번에 맛있게 먹었던 푸드트럭을 한 번 더 찾기는 쉽지 않습니다.

푸드트럭을 운영하는 사람도 같은 고민입니다. 한 번 만족시켰던 고객을 단골로 만들어 꾸준히 매출을 올리고 싶지만 위치가 계속 변하다 보니 아쉬운 부분이 있었습니다. 그래서 특정 푸드트럭은 인스타그램과 페이스북 계정을 만든 뒤 오픈하는 장소와 시간을 알려주면서 한 번 맺은 인연을 유지하기 위해 애쓰기도 합니다. 이런 현상을 보며 푸드트럭들이 모여 핫 플레이스를 만들 수 있지 않을까 생각했습니다. 일렬로 나열된 푸드트럭은 저마다 콘셉트와 디자인이 다르고 판매하는 음식도 제각각이다 보니, 그렇게 모인 것만으로도 개성 넘치는 힙한 느낌이 납니다. 하지만 일회성으로 해체와 집합을 반복하다 보니 그런 개성을 유지하기 어렵다는 사실이 늘 아쉬웠습니다.

오모테산도에 있는 커뮨 세컨드COMMUNE 2nd는 구글 지도의 추천을 따라 처음 가보게 되었습니다. 오모테산도를 한창 둘러보다 배가 출출해진 저는 목적지를 이동하기 전에 끼니를 때워야 했습니다. 그래서 구글 지도로 식사 장소를 찾아보다가 100개가 넘는 리뷰와 4.3이라는 높은 평점을 받은 이곳이 어딘지 궁금해졌습니다. 게다가 리뷰 중에는 이런 코멘트들이 있었습니다. '최근 핫한 푸드트럭이 모인 곳. 항상 사람이 가득 차 있으니 일찍 갈 것!' '푸드트럭으로 이런 공간을 만들었다니 신기하네요!' 이 코멘트들을 보고 궁금함이 커져 가보지 않을 수 없었는데요.

만약 구글 지도가 없었다면 아마 이곳의 입구도 발견하지 못했을 겁니다. 커뮨 세컨드라고 크게 쓰여 있었지만, 개방형 공간일 거라 확신했던 까닭에 건물 사이 골목으로 들어가야 한다고는 전혀 생각하지 못했습니다.

커뮨 세컨드에 들어서면 이국적인 느낌이 물씬 풍겨 오모테산도의 한복판이라는 생각이 전혀 들지 않습니다. 어떻게 표현해야 이곳의 느낌을 가장 정확하게 설명할 수 있을까요. 규모는 그리 크지는 않으나 푸드트럭이 오밀조밀 모여 있어 안락한 느낌이 났으며, 사람들은 각 푸드트럭에서 주문한 음식을 받아 자유롭고 캐주얼한 분위기 속에서 유쾌하게 대화를 나누고 있었습니다.

2016년 말까지 커뮨 246COMMUNE 246이라는 이름으로 운영되었던 커뮨 세컨드는 이름을 바꾸고 재정비를 거쳐 야외 푸드트럭 파크로 새롭게 출발했습니다. 가게 열다섯 곳이 들어와 다양한 세계 각국의 음식을 제공하는 커뮨 세컨드는 스테이지 공연도 올리며 복합 문화 공간으로 자리 매김했습니다.

커뮨 세컨드는 단순한 푸드트럭 파크를 넘어 새로운 형태의 지역 커뮤니티를 지향하고 있었습니다. 제가 이곳에서 한 생각은 두 가지였습니다. 첫 번째는 '푸드트럭도 한군데 정착해 운영하는 식당이 될 수 있다'는 가능성입니다. 식당은 늘 고정된 장소에 있어야 한다고 생각하지만, 푸드트럭이 등장하면서 이런 생각이 어느 정도 바뀌었습니다. 하지만 일회성 이벤트에 그치기 쉽다는 한계 때문에 푸드트럭이 식당을 대체하지 못할 것이라는 의견이 다수였는데요. 커뮨 세컨드 사례를 보며 푸드트럭도 고정적인 위치에서 운영하는 식당이 될 수 있음을 알았습니다.

두 번째는 식당이 제공하는 경험이 더 특별해진다는 점이었습니다. 누군가와 함께하는 식사는 온라인보다 오프라인에서 이루어지는 비중이 압도적입니다. 먹는 행위 자체가 오프라인에서 일어나기 때문입니다. 손님을 오프라인에서 끌어들이기 쉬운 업종 중 하나이기에 오프라인 매장 중 대다수가 식당으로 문을 엽니다. 하지만 식당은 갈수록 많아지고, 커뮨 세컨드와 같이 새로운 공간을 경험할 수 있는 곳 역시 늘어나는 추세입니다. 그래서 식당이 주는 특별한 경험이 더 중요해졌죠. 그렇다면 어떤 특별한 경험이 식당에서 펼쳐질 수 있을까요?

여러분도 '그냥 맛집'보다는 훌륭한 음식과 특별한 이야기와 체감이 어우러진 '경험 맛집'이 더 궁금하지 않은가요? 제게 인상적이었던 곳은 대전의 팝업 스토어 식당 비-밀Bee-Meal입니다. 창업이나 요리사를 꿈꾸는 대학생들이 자신의 요리를 고객에게 선보였는데요. 메뉴가 일정 주기로 바뀌어 다채롭고, 예비 요리사는 고객 반응과 피드백을 받을 수 있었습니다. 고객은 비교적 저렴한 가격으로 창작 요리를 맛보고요. 이렇게 콘셉트가 명확한 식당은 앞으로 더욱 늘어나지 않을까 기대합니다.

커뮨 세컨드에 있는 식당 푸드트럭 여러 대가 붙어 있다.

음식을 받아온 고객들이 한데 모여 식사하는 자리
시끌벅적한 분위기 속에서도 평온한 느낌이 있었다.

저녁에는 이 자리에서
공연이 펼쳐지기도 한다.

●●○○○ DAY 2

도심 속 문화 공간, 히카리에 쇼핑몰 8/

히카리에 쇼핑몰의 남다른 DNA

시부야 중심가에 위치한 히카리에Hikarie 쇼핑몰은 여타 쇼핑몰과 다른 점이 하나 있습니다. 비밀은 이 건물 8층에 있습니다. 히카리에 쇼핑몰 8층 전체가 '크리에이티브 공간'이라는 점입니다. 그럴 수 있었던 이유는 위치 영향이 컸습니다.

히카리에 쇼핑몰은 도쿄문화회관을 허문 자리에 세워진 백화점입니다. 1956년 오픈한 도쿄문화회관은 수십 년 동안 도쿄의 문화 중심지 역할을 한 곳이죠. 도쿄의 유명 아티스트들은 이곳에서 전시와 공연을 선보였으며, 대중 역시 이곳을 통해 새로운 문화적 영감을 얻곤 했습니다. 도쿄문화회관의 노후화로 재개발 계획이 세워졌고, 그 자리에 백화점이 들어섰습니다. 히카리에는 남다른 문화적 전통을 가지고 있던 도쿄문화회관의 DNA를 그대로 이어나가고자 8층에 라이프스타일을 제안하는 크리에이티브 스페이스를 만들었습니다. 그 결과, 하치はち, hachi, 이하 8/라는 브랜드를 선보였죠.

처음 8층에 도착했을 때 기존의 백화점과는 완전히 다른 곳 같았습니다. 백화점의 상업적 분위기는 온데간데없고, 오직 문화를 강조하는 분위기가 압도적으로 느껴졌습니다. 조금 거창하게 표현하면 문화적 오라가 강한 곳이었죠. 제가 8/를 방문했을 때, 층 한가운데에서는 어느 회사의 컨퍼런스가 열리고 있었는데요. '이 회사는 왜 백화점, 그것도 층 한가운데를 콘퍼런스 장소로 정했을까'라는 의문은 이곳을 둘러보자마자 곧 풀렸습니다. 8/는 다른 쇼핑몰에서는 보기 드물게 한 개 층을 크리에이티브 공간으로 채운 독자적인 브랜드이기 때문입니다. 8층에 있는 크리에이티브한 장소를 가리켜 전부 8/라고 부르고 있습니다. 각 섹션들은 8/의 하위 브랜드로 통일되어 있습니다. 8/를 구성하고 있는 브랜드를 살펴보면 오픈형 다목적 공간으로 활용하는 하치/코트8/COURT와 전시 공간인 하치/큐브8/CUBE 1, 2, 3과 하치/아트 갤러리8/ART GALLERY가 있고, 디앤디파트먼트D&DEPARTMENT가 운영하는 하치/d47 뮤지엄8/d47 MUSEUM, 하치/d47 디자인 트래블 스토어8/d47 DESIGN TRAVEL STORE, 하치/d47 쇼쿠도(식당)8/d47 SHOKUDO(食堂), 그리고 크리에이티브 라운지 엠오브이MOV가 있습니다.

공간이 다양한 8/처럼 당장 매상을 올리는 데 집중하기보다 문화 콘텐츠로 공간을 채우려는 몰mall이 많아지고 있습니다. 방향을 선회한 가장 큰 이유는 온라인 때문입니

8/COURT 영상 〈Creative Space 8/〉 중 TC 00:14

8/d47 DESIGN TRAVEL STORE 영상 〈Creative Space 8/〉 중 TC 00:45

8/d47 SHOKUDO 영상 〈Creative Space 8/〉 중 TC 00:57

All image on this page ©8/TV(vimeo.com/69857736)

다. 온라인 커머스가 확장되면서 상품 판매 기능만으로는 고객을 밖으로 유인할 수 없었습니다. 소파에 누워서도 몰에 있는 상품을 편하게 주문할 수 있는 시대에 굳이 나와서 쇼핑할 필요가 없어졌으니까요. 이 현상을 지켜보며 몰이 꺼내 든 강구책은 '문화 콘텐츠'였습니다. 온라인에서는 그 실체를 경험하기 쉽지 않지만, 늘 일정한 잠재 수요를 지닌 문화를 건드린 것이죠. 오프라인에서는 손으로 만져볼 수 있고, 가까이에서 눈으로 볼 수 있는 실체를 선보일 수 있기 때문입니다. 우리나라의 대표적인 사례가 스타필드 하남입니다. 언뜻 보면 복합 쇼핑몰에 불과하지만, 내부를 자세히 살펴보면 문화 콘텐츠의 비중이 매우 높습니다. 물놀이를 즐길 수 있는 아쿠아필드부터 30여 종의 스포츠 체험을 할 수 있는 스포츠몬스터 같은 시설까지 갖추고 있죠. 쇼핑몰의 금싸라기 땅에 이런 문화 시설들이 있으며, 심지어 주차비도 무료라 방문객을 끌어 모으는 데 더욱 유리합니다.

전통을 이어나가려는 시도 역시 히카리에를 비롯한 도쿄 몇몇 쇼핑몰의 특징입니다. 재건축하거나 새로 매장을 오픈할 때, 대부분 과거의 흔적을 지우기 위해 애씁니다. 새로움을 강조하기 위해서죠. 그렇다 보니 고객 입장에서는 과거 이 공간에 무엇이 있었는지, 어떤 용도였는지 잘 모르는 경우가 많습니다. 우리 주위의 고층 건물을 살펴봐도 이전에는 무엇이 있었는지 잘 모르죠. 도쿄의 몇몇 사례는 전통을 살릴 수 있는 요소를 찾아 새 공간을 더 가치 있게 만드는 스토리로 활용합니다. 앞에서 살펴본 키테 마루노우치점도 그렇습니다. 도쿄 중앙 우체국을 허물고 키테를 세웠지만, 쇼핑몰 한쪽에 우체국 박물관을 설치하여 과거 우체국이 있었던 모습을 재현해놓았습니다. 세금 혜택도 전통을 이어나갈 수 있는 결정적인 요인입니다. 일본의 경우 고층 건물이 일정 규모 이상의 박물관이나 전시관을 갖추면 세금 혜택을 주고 있는데요. 이 때문에 건물주 입장에서도 어차피 만들어야 하는 전시 공간이라면 이전 건물의 전통을 이어받는 공간으로 활용하려고 합니다.

'도쿄문화회관 DNA를 이어갑니다.' 8/의 슬로건인데요, 여기서 주목해야 할 점은 '슬로건을 하나의 콘텐츠로 만드는 능력'입니다. 슬로건을 통해 새로운 공간이 어떤 성격을 지니는지, 어떤 역할을 할 것인지 예측할 수 있습니다. 많은 영역에서 디지털 집중 현상은 더욱 가속화될 것이고, 오프라인의 위기 역시 계속될 전망입니다. 고객이 오프라인으로 나올 수밖에 없는 이유를 만들어야 하고, 이를 위해 오프라인에서만 제공할 수 있는 무언가를 계속 고민해봐야 합니다.

가구 회사가 공간을 활용하는 방법

8/에 있는 브랜드 중 오픈하자마자 젊은이들 사이에서 화제가 된 곳이 있습니다. 바로 크리에이티브 라운지 엠오브이이하 MOV입니다. MOV는 크리에이터를 위한 멤버십 워크 라운지로, 국내에서도 유행하는 공유 오피스와 비슷하지만 '크리에이터'와 '아티스트'에 타깃을 집중했다는 차이가 있습니다.

MOV는 2012년 4월 16일에 오픈했습니다. 지금은 공유 오피스가 대중화되었지만, 7년 전만 하더라도 이런 공간은 흔치 않았습니다. 그래서 오픈 당시부터 큰 화제를 불러 모았죠. MOV는 국적, 나이, 성별, 직업 등이 다른 사람들이 만나 새로운 움직임을 만드는 곳이라는 의미이며, 무브먼트movement를 줄여 MOV라는 이름을 지었습니다.

MOV를 살펴보며 2012년에 누가 이런 공간을 만들 생각을 했을까 궁금했는데요. 다름 아닌 일본 사무 가구 기업인 고쿠요KOKUYO가 운영하고 있었습니다. 처음에는 웬 가구 회사가 이런 곳을 만들었을까 싶었는데, 곰곰이 생각해보니 이런 생각이 떠올랐습니다. '이 공간 자체가 가구 전시장이 될 수 있다면 어떨까?' 가구 회사들은 오프라인 전시장을 마련해두고 그곳에서 고객을 맞이합니다. 고객은 전시장을 방문해 가구를 어떻게 배치할지 인테리어를 확인해보기도 하고, 직접 가구를 이용해보기도 하죠.

그런데 제가 가본 전시장 대부분은 그리 붐비지 않았습니다. 그 넓은 공간을 채운 가구들이 몇몇 고객을 맞이할 뿐이었죠. 그래서인지 가구 전시장을 방문할 때마다 '이 공간을 사업주와 고객 모두가 혜택을 보는 공간으로 바꿀 수 없을까'라는 생각을 했는데요. 가구 회사였던 고쿠요의 전략도 이 고민에서 출발합니다. 소수의 고객을 위한 오프라인 전시장을 열기보다 고쿠요의 가구로 꾸민 공유 오피스를 만들어 핵심 고객인 크리에이터와 아티스트가 직접 가구를 이용해보는 공간을 만든 것이죠.

비하인드 스토리를 듣게 된 순간, 정말 앞서간 전략이라는 생각이 들었습니다. 고객 입장에서도 해당 가구가 자신

고쿠요 가구로 꾸민 공유 오피스 MOV 전경
영상 〈Creative Space 8/〉 중 TC 01:08 ©8/TV (vimeo.com/69857736)

에게 잘 맞는지 판단하려면, 일정 기간 사용해보아야 합니다. 저 역시 가구를 고를 때면 항상 '오랫동안 사용해도 이 가구가 나에게 맞을까' 고민합니다. 의자나 책상은 잠깐의 테스트만으로는 사용 시 정말 편안한지 알기 힘든 제품입니다. 적어도 한두 시간은 이용해보면서 장기간 사용할 때 불편함을 느끼지는 않을지 꼼꼼하게 살펴봐야 합니다. MOV 사례는 고객 입장에서도 공유 오피스를 이용하면서 자신에게 맞는 의자와 책상까지 찾아볼 수 있는 경험이 되는 것이죠.

한국에도 공유 오피스가 많이 생기고 있는데요. 가구 회사와 공유 오피스의 컬래버레이션을 통해 해당 공간을 사무용 가구 체험이 가능한 쇼룸으로 활용해보면 어떨까요? '그 공유 오피스에 가면 어떤 브랜드의 사무용 가구를 모두 경험할 수 있다'고 알려진다면, 저 역시 꼭 한 번 방문해볼 것 같습니다. 만약 가구 구매가 절실히 필요할 때라면 더욱 그렇겠죠. 오랜 시간 의자와 책상을 사용해보며 구매해도 괜찮을지 가늠해보는 소중한 기회가 되리라 봅니다.*

MOV를 둘러보면 금방 알아챌 수 있는 재밌는 사실이 있습니다. 구역마다 인테리어 콘셉트가 확연히 다르다는 점입니다. 일반적인 공유 오피스가 일관된 톤으로 전체 공

---

* 관련 기사: 휴게실·병원으로…오피스 벗어난 사무가구(파이낸셜뉴스, 2018.1.1)

간을 콘셉트화한 것과는 달랐습니다. 매우 캐주얼한 동아리방 같은 느낌의 공간이 있는가 하면, 전화 박스 형태의 자리를 만들어 집중 업무용으로 활용하는 공간도 있었습니다. 중앙에는 서재가 있어 책 가까이에서 작업할 수 있도록 구성했죠.

이처럼 MOV에서는 어느 섹션에 앉느냐에 따라 전혀 다른 느낌을 받을 수 있었습니다. 하나의 공간 안에 다양한 콘셉트가 존재하다 보니 작업의 우연성이 자주 만들어지고, 크리에이티브한 사고를 원하는 그룹에는 이 우연성이 새로운 영감을 만들어내는 원인이 되기도 합니다.

어떤 공간에서 새로운 우연을 마주칠 때 우리의 감각은 풍성해집니다. 저는 카페를 가더라도 오늘은 창가에, 다음번에는 중간 테이블에, 그다음은 벽 쪽 테이블에 앉는 등 계속 위치를 바꿉니다. 그리고 이렇게 같은 장소라도 공간을 옮겨가며 앉는 것이 생산성이 더 높을 때가 많았습니다. MOV와 같이 자리 이동만으로도 느낌이 완전히 달라지는 곳에서는 새로운 아이디어가 잘 떠오를 것 같습니다.

워커들은 효율적인 작업 공간을 찾는다

노트북과 스마트폰을 통해 언제 어디서나 업무를 할 수 있게 된 동시대의 워커worker들은 최고의 기동성을 가지게 되었습니다. 그렇다 보니 업무를 더 잘할 수 있는 공간을 찾는 일이 빈번해졌습니다. 에코백이나 백팩 하나에 필요한 준비물을 담아 집을 나서면, 새로운 공간을 작업실 삼아 사용할 수 있기 때문입니다. 효율적으로 일할 수 있고, 새로운 영감을 받을 수 있는 공간을 찾는 것은 넓게는 현대인의 숙제이자 좁게는 제 숙제이기도 했습니다.

MOV는 시부야 한복판에 있습니다. 게다가 크리에이티브 스페이스가 모여 있는 8/에 속해 있어 다양한 분야의 채널(이곳에서는 각 아티스트를 채널이라고 부릅니다)을 만날 수도 있습니다. 새로운 것을 창조해내는 사람들이 많다 보니 이 공간의 분위기만으로도 충분히 에너지를 얻는 사람들이 많습니다. 이곳에서 일일권을 끊으며 살펴본 워커들은 모두 자기 일에 집중하고 있었습니다. 이들은 분명 자신의 시간을 생산물로 바꿀 수 있는 가장 최적의 장소로 이곳을 택했을 겁니다. MOV의 워커들에게는 MOV가 최상의 작업 공간인 셈입니다. 공유 오피스와 더불어 새로운 방식으로 워커들의 생산성을 높여주는 공간도 생겼습니다. 오피스는 업무에 최적화된 공간이다 보니 회의실이 큰 비중을 차지하고 복사기, 프린터와 같은 비품이 많아 조용히 사색하며 아이디어를 떠올리고 생각을 정리하기에는 아쉬운 부분이 있었기 때문입니다.

이런 트렌드를 반영하며 주목받은 공간이 공유 서재입니다. 나만의 서재를 만들기에는 부담스럽고, 어쩐지 집에서는 집중이 잘 안 되는 사람들을 위해 책이 잘 읽히고 사색에 집중할 수 있으며, 영감을 얻도록 도와주는 공간을 만든 것이죠. 선릉역에 있는 최인아책방은 '혼자만의 서재'라는 이름으로 멤버십 서재를 운영하고 있습니다. 또 용산구에 있는 도시공감협동조합은 후암서재라는 공간을 운영하면서 한 시간에 세 명만 활용할 수 있는 서재를 오픈했습니다. 이뿐만 아니라, 주택을 리모델링해 만든 합정동의 취향관은 시즌 멤버십을 통해 '취향의 공동체'라는 이름으로 커뮤니티를 운영하고 있습니다.

워커들의 다양한 요구를 충족하기 위한 새로운 공간은 계속 생겨날 것입니다. 아마도 대상이 세분화되면서 조금 더 사적인 성격의 공간도 많이 생겨나지 않을까 싶은데요. 공간의 진화가 어디까지 펼쳐질지 기대하는 마음으로 이 흐름을 관찰해봐도 좋겠습니다.

책상을 보면 그 사람을 알 수 있다

BSDG 네이버 블로그에서 '유명 디자이너들의 노트 훔쳐보기'란 게시물을 재미있게 읽었습니다. 명성을 얻은 사람들의 메모 습관과 작업 스타일을 살펴보는 내용을 담고 있죠. 저도 비슷한 호기심을 가지고 있습니다. '유명한 사람들은 어떤 책을 읽을까', '디지털 시대에 어떤 앱을 사용하면 생산성을 높일 수 있을까'와 같은 질문을 자주 합니다.

또 그들의 책상이 궁금해질 때가 있습니다. 책상은 그것을 사용하는 사람의 성격이 전적으로 드러나는 영역이자 어떤 방식으로 일하는지 알 수 있는 확실한 흔적입니다. 저는 개인 블로그를 살펴볼 때 작업 방식과 작업 현장에 대한 생생한 후기가 담긴 콘텐츠의 경우에는 즐겨찾기를 해두고 챙겨 봅니다.

MOV에는 저와 같은 사람들을 위해 책상을 공개하는 행사가 있습니다. 2014년부터 매년 진행되는 MOV 네이버랜드Neighborland입니다. 1년에 한 번, 오픈 행사를 통해 누구나 자유롭게 이 공간을 방문할 수 있습니다. MOV에 있는 멤버십 사용자들은 이 행사를 통해 자기 일과 일하는 방식을 소개합니다. 방식은 자유롭습니다. '작가의 방'과 같은 콘셉트로 일하는 모습을 그대로 보여주기도 하고, 알고 있는 지식을 함께 공유하는 클래스도 있습니다. 직접 만든 상품을 판매하는 팝업스토어가 열리기도 하고 라이브 공연이 펼쳐지기도 합니다. 그야말로 '나의 일'에 대해 방문객에게 전적으로 어필하는 시간입니다. 그림을 그리는 모습 그 자체를 보여주거나 피아노를 치며 작곡하는 모습까지도 볼 수 있습니다.

이 행사를 보며 '일work 박람회'가 있으면 흥미롭겠다고 생각했습니다. 일본의 경우에는 워크스타일workstyle을 다룬 잡지가 따로 존재할 만큼 일하는 문화와 환경에 대한 관심이 생겨나고 있습니다. 한국도 점점 일하는 방식에 관심을 두는 사람들이 많아지고 있는데요. 무조건 열심히 일하기를 강조하며 야근도 당연하게 여겼던 문화에서 효율적으로 일하고, 업무 시간 외에는 나의 삶을 찾아 나서는 사람들이 늘어나고 있기 때문입니다. 각 분야에서 명성 있는 인사를 두세 명씩 모아 총 100명의 책상을 한 공간에 그대로 옮겨온다면 어떨까요? 그들의 책상을 통해 일하는 방식과 문화를 구경하는 일 박람회. 상상만으로도 구경하는 재미가 있지 않나요?

●●○○○ DAY 2

지역과 호흡하는 d47

오래 간직하고 싶은 지역 가이드북

8/에서 친숙하게 만날 수 있는 로고인 d47은 나가오카 겐메이가 설립한 디자인 셀렉트숍 디앤디파트먼트의 브랜드입니다. d는 design을, 47은 일본 47개 도도부현都道府県* 을 의미합니다. 즉 일본 47개 현에 있는 디자인 상품을 선택하여 고객에게 보여주는 곳입니다.

d47에는 다양한 하위 브랜드가 있습니다. 그중에서도 제가 가장 먼저 방문한 곳은 d47 디자인 트래블 스토어입니다. 〈d design travel디 디자인 트래블〉은 디앤디파트먼트에서 발간하는 지역 가이드북입니다. 도쿄 편을 시작으로 1년에 세 권 정도 발간되고 있는데, 시시각각 바뀌는 지역성을 반영하기에는 꽤 느린 속도입니다.

〈d design travel〉은 기존 가이드북과 분명 달랐기 때문에 고객의 선택을 받았습니다. 가장 큰 차이점은 내용에 대한 엄격함에 있습니다. 취재할 현이 정해지면 편집부

---

* 일본의 행정 단위

는 2개월에서 3개월 정도 현지에서 직접 지내며 해당 지역의 '지역다움'을 경험합니다. 보통 가이드북 제작 과정에서 편집부가 직접 해당 지역에 몇 달간 거주하는 경우는 거의 없는 걸로 알고 있습니다. 〈d design travel〉은 장기적인 경험을 통해 해당 장소가 지역과 지속적인 관계를 맺고 있는지, 지역다움을 잘 드러내는지 등을 살펴봅니다. 여기서 최종 합격점을 받아도 마지막 관문이 남아 있습니다. 〈d design travel〉은 총 여섯 개 카테고리를 다루고 있고, 카테고리별로 네 곳의 장소만 소개합니다. 즉 소개하는 곳의 숫자를 제한하면서 2차 필터링 과정을 거치고, 결국 진짜 남아야 할 곳만 남습니다.

이 과정을 알게 되자 '매해 개정판을 내면서 최신 여행 정보를 담는 현재의 가이드북 시장이 과연 가이드북이 갖는 본질을 잘 반영하는 것일까'라는 생각이 들었습니다. 지역을 진정으로 대표하는 곳은 수십 년 동안 변하지 않은 채 그 자리를 지키고 있습니다. 변화의 물결에서 한 발 비켜나 있죠. 사실 지역을 대표하는 곳들을 방문하는 것만으로도 촉박한 일정일 겁니다. 최신 정보를 챙기느라 지역을 대표하는 곳을 놓치는 건 아닐까 싶었습니다.

〈d design travel〉의 첫 번째 책 '도쿄 편'은 2012년 9월에 출간된 채 단 한 번의 리뉴얼만 있었음에도 도쿄를 잘 담았다는 평가를 받고 있습니다. 다른 가이드북을 볼 때보다 책을 간직하고 싶은 바람도 더 강하게 듭니다. 매해 또는 반기별로 개정판이 나오는 가이드북은 구매해도 몇 달이 지나면 구식이 되기 때문에 그다지 간직할 필요성을 느끼지 못합니다. 하지만 〈d design travel〉을 구매하는 고객은 같은 편이 또 나올 거라고 생각하지 않습니다. 그래서 자신이 소장한 책이 항상 최신 출판물인 셈입니다.

물론 최신 여행 정보를 담기 위한 가이드북도 필요합니다. 다만, 가야 할 장소를 수십 수백 곳씩 넣어둔 가이드북을 보며 어딜 먼저 가야 할지 정하느라 한숨부터 쉬었던 저로서는 〈d design travel〉이 선택의 스트레스에서 벗어나게 도와주는 고마운 큐레이션 북이었습니다.

〈d47 디자인 트래블〉 안내문 각 현에서 지속 가능한 디자인 명소를 찾는다. 2018년 11월까지 22개 현이 가이드북으로 나왔으며 매해 두세 개 현의 가이드북을 출간할 예정이다.

d47 MUSEUM이 제안하는 선물은 어떨까?

d47은 지역에 초점이 맞춰져 있습니다. d47은 자신의 역할이 '각 지역을 대표하는 것을 잘 안내하는 발신 기지'라고 규정할 정도로 지역 알리기에 열심입니다. 〈d design travel〉과 같은 층에 있는 d47 뮤지엄d47 MUSEUM도 같은 역할입니다. 쉽게 말하면, 지역을 대표하는 물건 또는 브랜드로 전시를 기획합니다. 현마다 돌아가면서 전시하기도 하고, 통합 전시 목적으로 각 지역을 대표하는 편의점 음식 등을 모아서 보여주는 이색 전시도 이곳에서 펼쳐집니다.

제가 방문했을 때에는 한창 '프로블럼 투 프로덕트 기프트 2018Problem to Product GIFT 2018(P to P GIFT 2018' 전시가 열리고 있었습니다. '문제를 해결하기 위한 지역 상품'으로 꾸민 전시 기획이 참 흥미로웠습니다. 환경 문제를 개선한 상품, 자원을 효율적으로 사용한 상품, 인력 문제 해결을 시도한 상품으로 크게 나뉘어 지역 상품을 소개하고 있었습니다. 상품의 선정 기준은 이렇습니다.

- 땅과 같이 지역의 자원과 기술이 사용된 제품
- 환경과 자원, 인력에서 순환 구조를 가지며 지속 가능성 있는 제조 과정을 가진 제품
- 디자인적으로 고민 되고 문제에 대한 대안을 발신하는 제품

이 기준을 보면서 '롱 라이프long life 디자인'*을 지향하며 지역을 알리는 발신 기지를 담당하겠다는 그들의 철학이 잘 반영된 전시라는 생각이 들었습니다.

'P to P GIFT 2018' 전시

* 시간이 흘러도 가치가 변하지 않는 디자인

전시 상품 위에는 어떻게 문제를 해결하려고 했는지 적혀 있었습니다. 그 아래에는 그래픽 요소를 활용하여 해당 제품이 어떤 문제를 해결한 것인지를 직관적으로 보여줬습니다. 물결 모양은 환경, 세로선은 자원, 점은 인력이었습니다. 이 그래픽 요소만 보아도 해당 제품이 어떤 분야에서 대안을 선보였는지 알 수 있었죠.

예를 들면 못생긴 모양 때문에 잘 판매되지 않는 과일을 모아 과일주스를 만들어 문제를 해결한 상품도 있었고, 상품성이 없는 솜을 실로 활용해 만든 양말도 있었습니다. 콘셉트 없이 보면 지역 특산품 나열에 불과하지만, '문제 해결을 위한 상품'이 되자 모든 특산품에 의미가 생겼습니다. 브랜드 스토리가 드러나자 구매 욕구가 생길 수밖에 없었습니다. 콘셉트가 명확한 기획이 잠잠하던 수요를 만들어 내는 순간이었습니다.

이 사례를 보며 한국의 지역성에 대해서도 생각해보았습니다. 한국에서도 지역을 대표하는 특산품을 판매하는 곳을 간혹 보았지만, 별다른 감흥이 생기지 않습니다. 왜 그럴까 생각해보니 지역에 특화된 상품에 지나치게 매달리는 것 때문이 아닐까 싶었습니다. 의성은 마늘 먹은 소고기, 포항은 과메기와 같이 지역과 특산품을 단순 매칭할 뿐, 그 안에 어떤 스토리가 담겼는지가 충분히 드러나지 않는 아쉬움이 있었습니다.

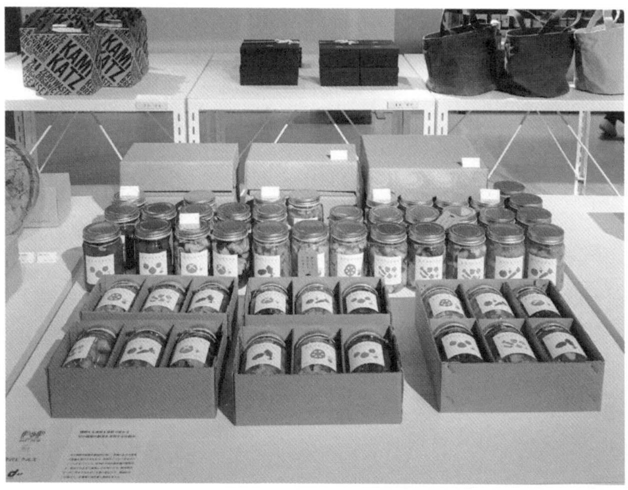

단순히 과일 외관이 상해 상품 가치가 없는 과일을 주스로 만들어 문제를 해결한 상품

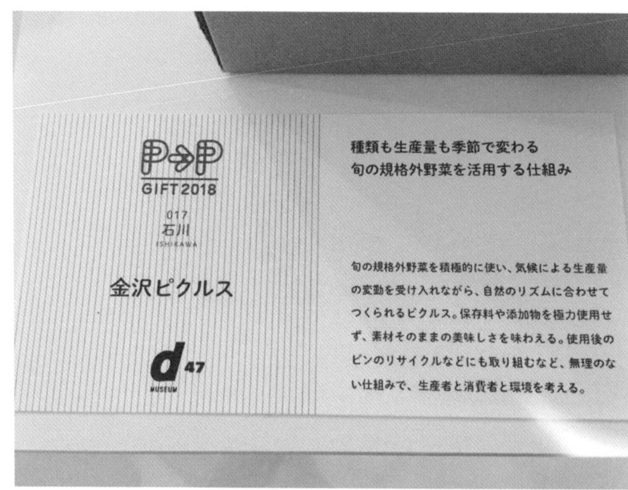

문제와 해결 방식을 함께 설명한 안내문

도쿄에 있는 백화점 한 층에서 이처럼 다양한 공간을 둘러본 것은 잊지 못할 경험이었습니다. 강한 영감과 그곳을 채우고 있는 문화적 오라aura에 충분히 동화되는 듯한 느낌을 받았습니다. 아마 다음번에 도쿄를 방문하더라도, 8/는 다시 와볼 것 같습니다. 전시와 상품 진열이 주기적으로 업데이트되고 있어 몇 개월 후에 방문해도 새로운 공간이라고 느낄 수 있을 것이기 때문입니다. 도쿄에 갈 계획이 있다면, 또는 크리에이티브한 공간을 꿈꾸고 있다면 꼭 한번 들러보길 추천합니다.

내가 본 디 투어 그리고 디앤디파트먼트

히카리에 쇼핑몰에 관한 원고를 작성하면서 d47 관련 자료도 열심히 찾아봤습니다. 틀린 정보는 없는지, 또는 제가 발견한 사실을 둘러싼 더 풍성한 맥락은 없을지 알아보기 위함이었습니다. 그러다 우연히 디 투어d TOUR 프로그램을 다녀온 분의 블로그 후기를 읽게 되었습니다. 디 투어는 처음 듣는 프로그램이었지만, 디앤디파트먼트에서 진행하는 공식 행사이다 보니 일명 '디앤디스럽다'라고 말할 수 있는 부분이 있을 것 같았습니다. 그래서 디 투어를 다녀온 아치울 스튜디오의 원주희 디자이너와 만나 간단한 이야기를 나누었습니다. 디앤디파트먼트에 대해 흥미롭고 재미있는 이야기를 많이 들려준 덕분에 즐거운 인터뷰가 되었는데요. 디자이너로서 갖춰야 할 자세와 진로 결정에 큰 영향을 미친 디앤디파트먼트를 향한 강렬한 팬심을 가진 8년 차 디자이너이자 디자인 활동가를 꿈꾸는 원주희 디자이너의 인터뷰를 전합니다.

디 투어는 어떤 계기로 갔는지 궁금합니다.

디앤디파트먼트 인스타그램 계정을 팔로하고 있는데, 디 투어 참가자를 모집한다는 포스팅을 보게 되었어요. 디앤디파트먼트는 제가 디자이너로서 가져야 할 태도에 관해 영향을 준 곳이라 꼭 가보고 싶어 지원했습니다. 당첨된 이후 같이 여행을 떠난 여섯 명이 지원서를 어떻게 썼는지 이야기를 나눈 적이 있었는데요. 재미있게도 다들 화려한 이력이나 경력을 동반한 긴 글이 아닌, 오히려 진정성이 담긴 담백한 지원서를 냈다는 사실을 알게 됐어요. 저는 제가 진행하는 홍천 지역 양조장 프로그램을 설명하고, 제가 어떤 사람인지 알리는 일에 집중해서 지원서를 작성했습니다. 아무래도 '지역'에 관심이 많은 디앤디파트먼트는 제가 했던 지역 활동에 관심을 가진 것 같아 감사했고요.

디 투어는 디앤디파트먼트에서 진행한 이벤트인가요?

디 투어는 일시적인 이벤트라기보다 디앤디파트먼트가 새롭게 선보이는 비즈니스 모델로 생각하면 될 것 같아요. 2017년, 디앤디파트먼트가 처음 선보인 지역 여행 상품이에요. 이번에 제가 간 디 투어도 전체 비용이 지원되는 형식은 아니었습니다. 아마 한국인 대상으로 여섯 명을 뽑아 디 투어에 참여할 기회를 준 건, 한국 고객에게 디 투어를 알리기 위한 목적이 크지 않았을까 싶어요.

이번 디 투어에서 시부야 히카리에 d47 등을 둘러보긴 했지만, 원래 디 투어에는 도쿄 일정이 따로 없어요. 예를 들어 '디 투어 사가 d TOUR SAGA'면 사가 지역만 둘러보는 것이 디 투어죠. 보통 1박 2일로 진행되는데, 이번 여행은 창립자인 나가오카 겐메이와의 대화 시간이 추가된 특별 코스였습니다. 현재는 사가 투어밖에 없지만 앞으로 지역을 확장할 예정이라고 합니다. 왜 사가현을 디 투어의 출발로 선택했을까 궁금했는데요. 디앤디파트먼트의 핵심은 지역과의 연대이다 보니 지역에서 얼마나 적극적으로 나오는지가 선택에 큰 영향을 미친다고 합니다.

디앤디파트먼트는 왜 '디 투어'라는 새로운 사업을 시작한 걸까요?

디앤디파트먼트가 추구하는 것이 롱 라이프 디자인, 그리고 그것을 담은 지역이에요. 오랫동안 사용할 수 있는 디자인을 추구하기에 리사이클링 상점을 오프라인에서 선보였고, 지역을 강조한 까닭에 d47을 만들었죠. 이제 여기서 더 나아가 지역의 실제 모습을 고객이 직접 '경험'하도록 연결하는 것에 방향성을 두었습니다. 그동안 도쿄가 각 지역 상품을 발신하는 기지로서 역할을 해왔다면, 이제는 고객이 직접 지역에 찾아가도록 유도합니다. 그 활동 중 하나로 디 투어를 통해 지역을 경험하게 해주는 거죠. 앞으로 디 투어는 계속 확장될 예정이라 들었고, 디앤디파트먼트의 주요 사업 중 하나로 자리 잡을 것 같아요.

히카리에 쇼핑몰 8층에 들어서자마자 저는 문화적인 오라를 느꼈습니다. 주희 님은 8/에 처음 들어섰을 때 어떤 느낌을 받았는지 궁금합니다.

저는 6년 전에 히카리에 8/를 처음 방문했어요. 그때 모습에서 크게 달라진 점은 없습니다. 그때도 d47 디자인 트래블 스토어, d47 뮤지엄, d47 쇼쿠도가 있었어요. 저 역시 백화점의 한 부분을 이렇게 문화적인 공간으로 채워놓았다는 사실에 깜짝 놀랐어요. 또 리사이클 상점인 디앤디파트먼트가 이렇게도 확장될 수 있다는 사실을 알게 되었습니다.

지금까지 제가 가본 디앤디파트먼트는 모두 리사이클링 상점이었습니다. 지역적인 것을 입체적으로 전달하는 공간이자 하나의 브랜드로서 d47이, 그것을 전달하는 방식에서 큰 감명을 받았습니다. 예를 들어 가이드북 〈d47 디자인 트래블 사가〉가 발간되면 d47 뮤지엄에서는 사가 지역을 주제로 전시하며, d47 디자인 트래블 스토어에서는 사가 지역 가이드북과 물건을 판매하고, d47 쇼쿠도에서는 사가 정식을 메뉴로 출시합니다. 성격이 다른 세 개의 오프라인 매장이 하나의 주제에 맞춰 입체적으로 꾸려지는 모습과 지역에 완전히 초점을 맞춰 유기적으로 움직이는 모습이 매우 인상적이었습니다.

'왜 시부야였을까.' 저는 이 부분이 궁금했는데요. 디앤디파트먼트의 행보를 살펴보면 예전에는 골목 등에 위치하면서 고객들의 방문을 유도하는 방식을 선호했습니다. 그런데 갑작스럽게 우리나라의 명동과 같은 번화가에 자리 잡게 된 거죠. 개인적으로는 '시부야가 발신 기지로서의 역할을 수행하기에 적합하기 때문이 아닐까'라고 생각했어요. 일단 많은 사람이 몰리고 편하게 쇼핑하다가도 들를 수 있는 곳이잖아요. 젊은 세대의 방문을 유도해 타깃층을 넓히려는 목적도 있었을 것 같고요. 나가오카 겐메이에게 이런 취지가 맞느냐고 묻자 "생각하지 못했는데 그렇게 생각할 수도 있겠다"라고 답하더군요.(웃음)

d47 디자인 트래블 스토어와 d47 뮤지엄에서 인상 깊은 디테일이 있었나요? 또는 디 투어에서 들은 비하인드 스토리도 좋습니다.

우선 d47 디자인 트래블 스토어의 매장 구성이 인상 깊었어요. 그냥 둘러봤을 때는 몰랐는데, 알고 보니 매대를 꾸미는 요소 하나하나를 지역 매장에서 그대로 가져왔다고 하더라고요. 이것이 가능한 이유는 지역과 맺은 강력한 네트워킹 덕분입니다. 지역 이야기를 다루다 보니 자연스럽게 지역 내 다양한 가게들과 좋은 관계를 지속했고, 그러한 단단한 연대로 지역 상점들의 소품을 기한과 조건 없이 빌릴 수 있었다고 해요. 작은 부분 하나에도 의미와 진정성이 담겨 있었고, 지역 상점과의 끈끈한 연대가 느껴지는 부분이었어요. 최근 들어 매대 구성은 지역 기준으로 바꿨다고 합니다. 예를 들면 한쪽은 관동 지역 상품, 다른 한쪽은 관서 지역 상품, 또 다른 쪽은 북해도 지역인 거죠. 즉 지도식 매대 구성을 통해 고객이 지역성을 잘 느낄 수 있도록 배려하고 있었어요.

매장을 꾸민 나무, 해먹, 깃발 등 모두 지역 매장에서 직접 가져온 것들

d47 쇼쿠도에서 진행된 프라이빗 식사 경험이 어땠는지 궁금합니다. 디앤디파트먼트의 창업자 나가오카 겐메이를 직접 만날 기회라고 들었는데요.

우선 식사하면서 편안하게 대화할 수 있어 좋았어요. 개인적으로 이번 디 투어에서 나가오카 겐메이를 직접 만날 수 있다는 기대로 부풀었는데요. 특히 나가오카 겐메이로부터 디앤디파트먼트의 〈d design travel〉이 만들어지는 과정과 디 투어에 대한 취지와 목적을 직접 들을 수 있어 좋았습니다. 〈d design travel〉이 만들어지는 과정은 정말 놀라웠어요. 확고한 편집 방침과 선정 기준이 있고, 그 기준에 맞춰 여섯 개 카테고리에서 각각 네 개 장소를 고르는 게 신기했어요. 초기에는 장소를 선정할 때 그가 직접 방문해 감동이 오지 않는 곳은 소개하지 않았다고 합니다. 또 지금까지 발간된 가이드북의 장소를 모두 가봤다는 사실에 참석한 모든 사람이 놀랐죠. 가이드북에 담을 장소를 최종적으로 결정할 때에는 지역 워크숍을 열어 지역 주민들과 함께 후보 장소에 관한 이야기를 나누었다고 합니다. 지역민과 연대하는 노력이 인상 깊었습니다.

가이드북 표지 역시 남다른 포인트가 있었는데요. 새로운 그래픽을 만드는 것이 아니라, 각 지역을 대표하는 것 또는 가게의 오브제objet를 표지로 삼고 있었습니다. 예를 들어 사가의 경우에는 파란색 표지였는데, 도자기로 유명한 사가현 지역에 있는 도자기 학교 간판의 일부입니다. 후쿠오카 편은 후쿠오카의 오래된 명란 가게의 로고로 표지를 만들었죠. 사소한 부분을 놓치지 않고 발견하는 것이 〈d design travel〉의 핵심입니다.

프라이빗 식사에서 경험한 디테일이 있을까요?

메뉴마다 어느 지역의 어떤 재료로 만들어졌는지 지도를 들고 설명해주는 부분이 제일 인상 깊었습니다. 지역 음식을 시각적으로 보여주니까 정말 좋더라고요. 사실 강원도 홍천의 음식을 소개할 때 홍천이 어디에 있는지도 잘 모르는 경우가 많은데요. 요리사가 직접 나와 재료와 요리에 얽힌 설명을 해주니, 지역에 대한 높은 이해도를 바탕으로 지역 음식을 맛볼 수 있었습니다.

음식과 술을 매칭해서 소개해준 것도 기억에 남습니다. 일반적으로 지역 음식은 그 지역의 술과 잘 어울립니다. 음식에서 단순히 맛이 전부라고 생각하진 않아요. 맛집이라고 하면 일정 수준의 맛은 유지한다고 생각합니다. 상향 평준화된 셈이죠. 이제는 '어떤 경험을 줄 수 있느냐'에 주목해야 한다고 생각합니다. 맛있는 식사도 중요하지만, 다른 식당에서는 느낄 수 없는 경험을 선사하는 일이 더 중요해질 것 같아요. d47 쇼쿠도처럼요.

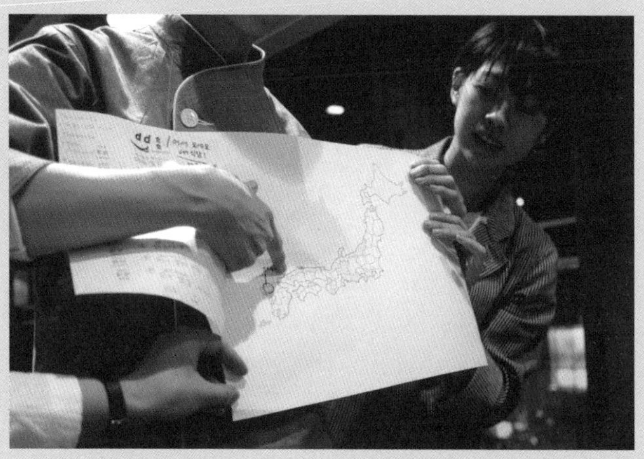

d47 쇼쿠도의 메인 셰프가 차려진 음식의 지역성에 대해 설명하는 모습

디 투어의 전반적인 운영에서 디테일도 궁금합니다. 디 투어에 참여한 사람 대부분이 디앤디파트먼트에 호감도가 높은 고객이다 보니, 디앤디파트먼트의 배려가 돋보인 부분이 있지 않았을까 싶네요. 예를 들면 웰컴 키트welcome kit**에 특별한 포인트가 있었다든지, 참석자 간 아이스 브레이킹이라든지요.**

별도의 웰컴 키트는 없었고요.(웃음) 이번 여행에 동행했던 MMMG 배수열 대표와 디앤디파트먼트 서울점 김송이 점장을 비롯한 참가자 모두 이런 여행이 처음이라 조금 어색했었는데요. 출발 전 김포공항에서 간단한 오리엔테이션을 하면서 곧바로 친해졌어요. 아무래도 서로의 관심사와 취향이 비슷한 사람들이 모여 어색한 순간이 매우 짧았죠. 도쿄 하네다 공항에 도착해서는 디앤디파트먼트의 일본 직원이 'd desgn travel' 깃발을 들고 일행을 맞이했어요. 이 깃발은 투어 내내 앞에서 일행을 이끌어주었어요. 있어도 되고 없어도 되지만 이거 하나 있다고 똘똘 뭉치게 되더라고요.

디 투어를 시작할 때 이 깃발을 보고 '디앤디스럽다'라고 느꼈다

'디 투어 사가' 여행을 하며 타고 다녔던 미니버스에서도 디테일을 놓치지 않았는데요. 버스 외관에 'd' 로고가 있었고, 좌석마다 새겨진 로고를 보며 '우리를 위해 세심한 부분까지 신경 썼다'는 생각이 자연스럽게 들었습니다. 로고가 있다는 건 소속감을 느낀다는 의미와도 일맥상통하는데요. 로고를 보자마자 디 투어에 참여 중이라는 생각과 함께 디앤디파트먼트의 한 부분에 속했다는 강력한 소속감이 들었습니다.

디 투어 미니버스에 있는 d 로고

또 주요 장소spot에 투어를 위한 준비가 꼼꼼하게 잘되어 있다는 느낌을 받았습니다. 현지인의 매끄러운 안내와 친절은 기본이었고요. 일부 상점에는 〈d design travel〉, 롱 라이프 디자인 뉴스 계간지 〈d〉 등을 배치해 디 투어 중이라는 사실을 계속 상기시켜 주었죠. 좁게는 디앤디파트먼트와 가게 사이의, 넓게는 디앤디파트먼트와 지역 사이의 강력한 연대가 느껴졌습니다.

궁극적으로 디앤디파트먼트가 갖는 힘이 무엇이라고 생각하나요?

제 생각에는 강력한 네트워크가 아닐까 해요. 첫 번째는 '지역 네트워크'입니다. 가이드북 하나를 만들기 위해 몇 번이고 가게를 찾아가고, 취재도 수없이 한다고 합니다. 나가오카 겐메이는 지역 주민과 신뢰를 구축하고 사업을 진행하는 일은 생각보다 아주 어렵다고 솔직히 말해주었어요. 그럼에도 지속적으로 노력하죠. 몇 번이나 찾아가서 지역 가게들과 친밀한 관계를 형성한다고 해요. 이런 과정이 있기에 가이드북에 대한 지역 주민들의 자부심은 어쩌면 당연한 건지도 모릅니다.

두 번째 힘은 바로 '파트너십'입니다. 디앤디파트먼트의 각 지점은 운영하는 회사가 따로 있습니다. 한국의 경우에는 MMMG에서 운영하고 있죠. 놀라운 것은 함께할 파트너를 선정할 때, 오랜 시간 지켜보고 상호 신뢰 관계를 쌓아나가면서 선정한다는 사실입니다. 이런 강력한 파트너십을 통해 디앤디파트먼트는 그들의 철학을 잘 전달하고, 파트너사는 디앤디파트먼트를 잘 알리기 위해 더욱 책임감을 느낍니다.

《도쿄의 디테일》은 고객을 향한 한 끗 차이에 주목합니다. 디앤디파트먼트가 여느 곳과 다르게 고객을 향한 한 끗이 있었는지, 있었다면 어떤 점이었는지 궁금합니다.

디앤디파트먼트의 한 끗은 '전달'이 아닐까 싶어요. 《디앤디파트먼트에서 배운다, 사람들이 모여드는 전하는 가게 만드는 법》이라는 책 제목처럼 전하는 방식과 커뮤니케이션에서 다른 브랜드와 다른 한 끗 차이가 있다고 생각해요. 앞서 말한 입체적인 느낌의 전달 방식일 수도 있고, 지역과의 연대를 진정성 있게 유지하는 그들의 자세일 수도 있죠. 어떤 다양한 방식을 통해 제대로 전달하는지, 이 부분이 디앤디파트먼트가 가진 한 끗 차이 아닐까요?

interviewer **생각노트**
interviewee, photo **원주희**

디앤디파트먼트 대표 나가오카 겐메이와 원주희 디자이너

인터뷰를 마치면서, 제 주변에 디앤디파트먼트를 좋아하는 사람이 많은 이유를 깨닫게 되었습니다. 우선 디앤디파트먼트의 창업자 나가오카 겐메이가 '디자인 활동가'라는 새로운 범주를 만들었다는 점입니다. 창작물을 만드는 것에 그치지 않고, 이를 토대로 사회를 움직이는 활동가로서의 역량을 보여준 것이죠. 그야말로 세상을 바꾸는 디자인을 직접 보여준 셈입니다. 또 모든 비즈니스가 지역과 연관되었다는 점도 인상 깊었습니다. 인터뷰를 통해 디앤디파트먼트의 비즈니스가 '지역 연대'를 핵심 가치로 삼아 유기적이면서도 입체적으로 구성된다는 사실을 확인할 수 있었는데요. 디 투어가 새로운 비즈니스라는 이야기를 들었을 때도, 역시 디앤디스럽다는 생각이 먼저 든 것도 그 때문일 겁니다.

제가 생각하는 '디앤디스러움'은 '없던 것을 새롭게 만드는 기획'이 아니라 '기존에 있던 것을 더 매력적으로 발견할 수 있도록 만드는 기획'을 의미합니다. 디앤디파트먼트의 활동을 가만히 지켜보면 완전히 새로운 것은 거의 없습니다. 대부분이 기획력을 토대로 이미 있던 것을 더 의미있게 하는 활동이 많습니다. 평범한 지역의 특산품을 '지역문제를 해결해 만든 특산품'으로 기획해서 전시하는 것, 한 도시에서 많은 장소를 방대하게 소개하기보다 요약과 절제를 통해 꼭 가볼 만한 곳을 짚은 가이드북을 만드는 것,

커뮤니티와 지역 주민과의 강한 연계성으로 지역성을 담은 지역 관광을 선보인 것 모두 그런 활동의 일환이라고 생각합니다.

마지막으로 이 책 30쪽에서 밝힌 일본의 접객 문화인 '오모테나시'가 디 투어에서 빛났다는 사실을 느꼈습니다. 디 투어는 일본의 접객 문화를 제대로 경험해볼 수 있는 프로그램입니다. 디앤디파트먼트 관계자와 지역 주민 등 다양한 환대가 모여 최고의 여행 경험을 제공하죠. 다음에 일본을 간다면, 디 투어는 꼭 한 번 참여해봐야겠다는 생각을 하며 인터뷰를 마무리했습니다.

Tokyo

21_21 디자인 사이트, 아카데미 힐스

버스에서 ●

철학과 이야기가 살아 숨 쉬는 21_21 디자인 사이트 ● ●

생각을 이끌어내는 공간 경험, 아카데미 힐스 ● ●

●●●○○ DAY 3

버스에서

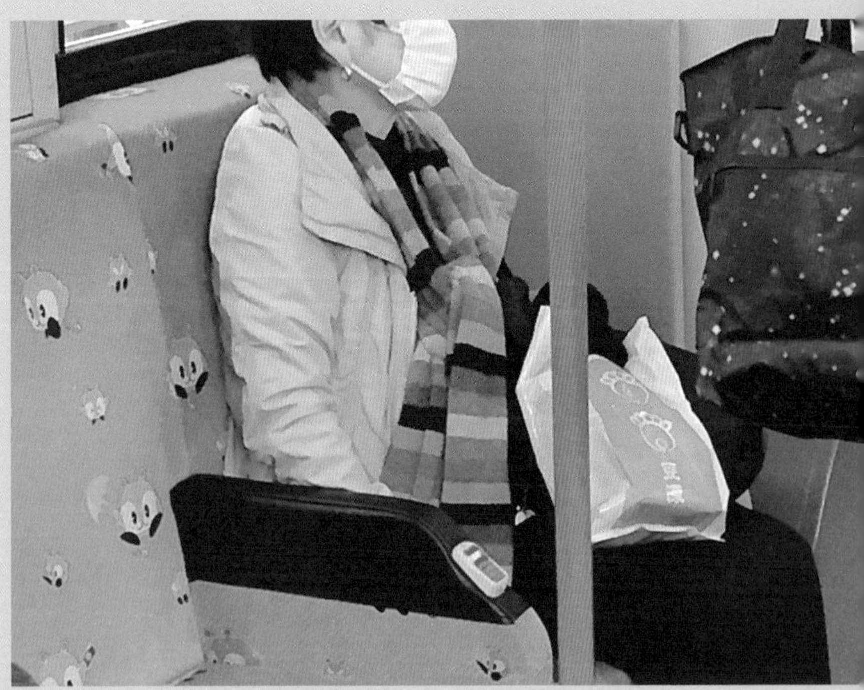

사회적 약자를 배려하는 작은 실천

저는 여행지에서 주로 버스보다 지하철을 이용하는 편입니다. 여행지의 지리를 완벽하게 이해하지 않은 상태에서 지상 도로로 이동하는 일은 큰 모험일 수 있습니다. 버스 정류장 이름을 동네 이름이나 주변의 큰 건물 이름으로 짓다 보니 어디서 내려야 할지 고민 되는 경우도 많죠. 도쿄는 구글 사용자가 많아서인지 구글 지도에 나오는 버스 정보가 꽤 정확해 보였습니다. 게다가 숙소에서 목적지까지 지하철로 가면 한 시간이 걸리지만, 버스로는 30분 정도면 충분히 갈 수 있다는 점이 저를 버스 탑승으로 이끌었습니다.

버스를 타면 주변 경치를 볼 수 있어 좋습니다. 특히 여행객에게는 모든 것이 새로운 광경이기에 계속 바깥을 구경하게 되죠. 그러다 실내로 고개를 돌린 순간, 신기한 위치에 있는 하차벨을 발견했습니다.

노약자석 팔걸이에 부착된 하차벨이었습니다. 흔히 볼 수 있는 창문 위쪽이나 한국 버스의 노약자석처럼 낮은 위치가 아니라, 아예 팔받침에 하차벨이 있었습니다. 노약자석에 앉는 사람은 팔걸이 위에 팔을 올리고 있다가 하차벨을 누르면 버스에서 내릴 수 있었죠.

서울에서 버스를 타고 가다가 노약자석에 있는 분에게 하차벨을 눌러달라는 부탁을 받은 적이 있습니다. 비록 노약자석의 하차벨이 일반 하차벨의 위치보다 낮다고 하더라도, 그분에게는 '여전히 불편한 위치'였던 거죠. 일반인의 시선에서는 '낮은 곳에 하차벨이 있으면 노약자들도 쉽게 누를 수 있겠지'라고 생각했지만, 팔을 올리기조차 힘든 노약자까지 배려하지는 못했던 겁니다.

도쿄에서 발견한 버스 하차벨이 별것 아닌 것처럼 보일 수도 있지만, 깊은 고민 끝에 나온 것일 수도 있겠다는 생각이 들었습니다. 낮은 위치라고 해도 노약자에게는 여전히 불편할 수 있다는 점과 벽에 하차벨을 부착할 경우 고개를 돌려야 한다는 불편함까지 예상했을 겁니다. 그 결과, 노약자들이 팔을 올리는 팔걸이에 하차벨을 설치하면 가장 편하게 이용할 거라고 생각하지 않았을까요? 그 고민의 깊이가 느껴졌습니다. 도쿄 버스에서 발견한 또 다른 디테일도 있습니다. 정류장에서 멈춘 버스에서 사람들이 내릴 때 발견할 수 있었는데요.

뒷문이 열리면서 버스가 정류장 쪽으로 살짝 기우는 신기한 현상이 벌어졌습니다. 그러더니 버스 문과 정류장 높이가 얼추 맞춰졌습니다. 탑승할 때도 이 디테일은 유용했습니다. 나이 든 어르신이나 아이들은 버스에 오르기 힘든 경우가 있는데, 버스가 정류장 쪽으로 살짝 기울어져 있으니 훨씬 수월하게 탑승했습니다.

우리나라에서도 대도시를 중심으로 저상버스가 운행되고 있습니다. 기존 버스가 승하차할 때 계단을 오르내려야 했던 것과 달리 저상버스는 계단이 없습니다. 그래서 무릎이 불편한 노인이나 장애인이 더욱 편리하게 버스를 이용할 수 있게 되었죠. 하지만 정류장마다 높이가 다르다 보니 저상버스라고 해도 승하차를 할 때 높낮이가 생기곤 합니다. 실제로 높낮이 때문에 승하차에 어려움을 겪는 노약자들을 목격하기도 했습니다.

©Kekyalyaynen/Shutterstock.com

승하차 시 정류장 쪽으로 버스가 살짝 기울어져 더욱 쉽게 승하차할 수 있도록 설계된 도쿄의 버스가 꽤 인상 깊었습니다. 나중에 알게 된 사실이지만, 이런 사소한 디테일을 네덜란드의 버스에서도 찾아볼 수 있다고 합니다. 사회적 약자를 위해 사회 곳곳에서 노력을 기울이고 있음을 느낄 수 있었는데요. 이런 사소한 배려에서부터 사회 구성원 모두가 동등한 삶을 누릴 수 있는 기반이 만들어지지 않을까요?

●●●○○ DAY 3

철학과 이야기가 살아 숨 쉬는 21_21 디자인 사이트

디자인을 통해 세계를 관찰하는 곳

전시는 '기획의 총체'입니다. 전달하고자 하는 전체 메시지를 정하고, 그에 맞는 기획으로 공간과 전시품을 구성한 뒤 관객에게 강렬한 인상을 남기는 것. 그렇기에 기획의 힘에서 가장 중요한 요소가 바로 전시라고 생각합니다. 저는 새로운 기획을 엿보기 위해 혼자서라도 전시에 가는 편입니다. 그리고 지금까지 영감을 받지 못하고 나온 전시는 없었습니다. 전시는 늘 생각할 거리를 던져주었고 관객과 전시 디렉터, 관객과 작가의 커뮤니케이션을 눈여겨보며 새로운 전달 방식을 배우곤 했습니다.

도쿄에서도 전시를 경험해보기로 했습니다. 수많은 전시 중에서 제가 고른 곳은 21_21 디자인 사이트21_21 Design Sight였는데, 이곳은 아직 잘 모르는 사람이 많았습니다. 저 역시 처음에는 이곳이 눈에 띄지 않았는데요. 여행을 떠나기 전에 만난 친구가 남긴 한 마디를 듣고 두말할 것 없이 21_21 디자인 사이트를 여행지에 추가했습니다. "안도 다다오가 건축한 디자인 미술관이야."

안도 다다오는 일본뿐 아니라, 세계적으로도 유명한 건축가입니다. 건축가로 일하기 전에는 트럭 운전사와 권투선수로도 활동했는데, 대학에 진학하지 않았고 건축에 대한 전문 교육을 따로 받은 적도 없었다고 합니다. 안도 다다오는 일반적인 건축 디자이너와는 다른 특별한 스토리를 가지고 있었기에 건축가로 활동함과 동시에 주목을 받기도 했는데요. 자연과의 조화, 직선의 아름다움 강조, 콘크리트와 철근의 노출 방식 등 자신만의 기법과 스타일, 철학으로 마이니치 예술상, 칼스버그 건축상, 프리츠커상 등 세계적인 건축상을 휩쓸었습니다. 그런 안도 다다오가 만든 디자인 미술관이라는 사실 하나만으로도 이곳에 갈 이유가 명백해졌습니다.

전시 관람 모드로 바꿔주는 공원

21_21 디자인 사이트는 롯폰기 힐스Roppongi Hills와 함께 도시 재생 성공 사례로 꼽히는 롯폰기 미드타운에 위치한 디자인 전문 미술관입니다. 여섯 개의 복합 건물로 구성된 미드타운에는 힐튼 호텔, 오크우드를 비롯한 숙박 시설과 상업지구, 오피스 빌딩 등이 함께 자리 잡고 있습니다. 21_21 디자인 사이트는 산토리 미술관과 더불어 미드타운을 대표하는 복합 문화 공간 중 하나입니다. 흔히 뛰어난 시력을 트웬티 트웬티 비전20/20 vision(sight) 혹은 퍼펙트 비전perfect vision(sight)이라고 하는데요. 여기서 의미를 가져와 21_21 디자인 사이트라는 이름이 탄생했습니다. '미래를 내다보는 디자인 발신의 장소', '완벽한 시선으로 디자인 혜안을 제시해주는 곳'이라는 뜻이 담겨 있습니다.

21_21 디자인 사이트가 있는 미드타운은 새로 계획된

지역답게 고층 건물이 즐비하고 세련된 디자인의 건축물이 많았습니다. '깔끔한 도시 숲'이라는 단어가 가장 어울리는 장소가 아닐까 싶었습니다. 21_21 디자인 사이트를 가기 위해 표지판을 따라 오른쪽으로 들어서는 순간, 새로운 광경이 펼쳐졌습니다.

아름다운 히노키초 공원 입구가 나온 겁니다. 고층 건물들 사이에 이런 공간이 있다는 사실이 처음에는 의아했지만, 공원을 가로질러 미술관을 향하는 내내 평온함이 몰려왔습니다. 히노키초 공원은 꽤 넓어 다양한 종류의 식목을

관찰할 수 있었고 앉아서 쉴 수 있는 벤치 역시 충분했습니다. 제가 히노키초 공원을 지나갈 때가 점심 즈음이어서 그런지 많은 사람이 벤치에 앉아 도시락으로 끼니를 해결하고 있었는데요. 북적거리지 않아 휴식을 취할 수 있는 공원 분위기를 온몸으로 느끼며 전시를 둘러볼 여유를 얻었고, 21_21 디자인 사이트에 들어섰습니다.

디자인 사이트로 가기 위해 거쳐야 하는 히노키초 공원

미술관 입장권은 사각형이어야만 할까?

제가 21_21 디자인 사이트에 방문한 날은 평일이어서 사람이 많지는 않았습니다. 입장권을 구매하면서 다른 전시와 마찬가지로 '사각형 모양의 표'를 기대했습니다. 하지만 직원이 건네준 표는 제 생각과 전혀 달랐습니다.

제가 받은 입장권은 '동그란 스티커'였습니다. 파란색 스티커에는 방문 날짜가 찍혀 있었습니다. 직원은 스티커를 건네며, 이 스티커가 입장권이니 옷이나 사물에 부착하면 된다고 알려주었습니다. 새로운 형태의 입장권에 참신함을 느꼈습니다. 게다가 전시가 바뀔 때마다 스티커 색상도 바뀐다고 합니다. 즉 이번 전시 입장권이 파란색 스티커였다면 다음 전시 입장권은 초록색 스티커가 되는 거죠.

입장권을 왜 이렇게 만들었을까 생각해보니, 그 속에는 지극히 관람객 중심의 사고가 담겨 있었습니다. 우선 관람객은 입장권을 '간직'하고 싶어 합니다. 입장권은 누군가와의 소중한 추억을 회상할 수 있는 매개체가 되기도 하고, 일상을 기록하는 흔적으로 활용되기도 합니다. 하지만 일반적인 사각형 입장권은 의외로 부피가 커서 다이어리 등에 부착하기도 쉽지 않고, 별도로 보관하기도 애매합니다. 보관은 했지만 나중에 어디에 두었는지조차 잊어버리는 경우도 많았습니다.

21_21 디자인 사이트에서 준 스티커는 아예 부착식인

데다 작은 원형이다 보니 어디에나 잘 붙일 수 있었습니다. 어디든 깔끔하게 붙이기만 하면 그때의 기억과 흔적을 담을 수 있습니다. 저는 한동안 휴대폰 뒷면에 스티커를 붙이고 다니며, 일본 여행을 회상하고 당시 가졌던 느낌을 계속 떠올렸습니다.

또 이곳을 자주 방문해 전시를 즐겨 보는 사람이라면 스티커를 모으는 재미도 있겠다는 생각이 들었습니다. 전시마다 스티커 색상이 달라지고, 날짜가 같이 표기되다 보니

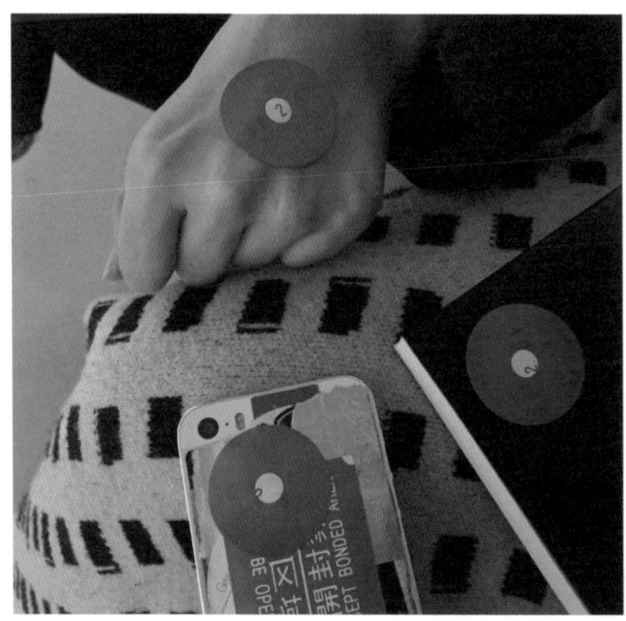

스티커형 입장권 ©손현

노출 콘크리트에 뚫린 구멍과 같은 크기의 원형 입장권 구멍에 손가락을 넣으면 철심이 만져지는데 입장권의 흰색 부분과 위치가 같다. ©손현

한 페이지에 붙여둔다면 그 자체만으로 언제 21_21 디자인 사이트를 방문했는지, 몇 번이나 방문했는지 알 수 있습니다. 한편으로는 스티커를 아카이빙archiving하고 싶은 마음에 전시장을 자주 찾는 효과도 거둘 수 있지 않을까 싶었습니다.

이처럼 특별한 입장권으로 공간의 첫인상을 강렬하게 남기는 경우가 또 있습니다. 브랜드 라이터 김하나가 쓴 책 《15도》에는 입장권을 새로운 용도로 활용한 또 다른 사례가 나옵니다.

책에 따르면, 교토에 있는 금각사와 은각사의 입장권은 그 자체가 부적입니다. 입장권이 곧, 입장권을 구입한 사람과 그의 집안에 행운을 가져다주는 부적이기 때문입니다. 이런 입장권이라면, 사람들이 더 오래 간직하려고 하지 않을까요?

행운의 부적이 되는 금각사 입장권
©mombo_93/Instagram

이 사례를 보며 영수증을 이렇게 활용해보면 어떨까 생각했습니다. 영수증 발급이 법적 의무이다 보니 오프라인에서 결제를 하면 반드시 영수증이 발생합니다. 하지만 영수증을 받자마자 버려달라고 하는 고객은 많고, 매장에서는 발급한 영수증을 바로 쓰레기통에 버리는 '비효율'이 자주 발생하죠.

그렇다면 간직하고 싶은 영수증을 만들어보면 어떨까요? 식당 영수증이라면 맛, 가격, 청결도, 분위기별로 셀프 별점을 채운 간단한 리뷰를 영수증에 넣어보면 재미있을 것 같습니다. 서점 영수증이라면 'OO 서점이 추천하는 이달의 책! 몇 권이나 읽어보셨나요?' 등의 문구를 영수증 밑에 넣어 책을 추천해주고, 체크리스트 방식의 칸을 넣어주면 신선하겠죠. 이런 영수증이 있다면 매달 어떤 책을 추천해주는지 궁금해서라도 한 달에 한 번씩 방문해본다거나, 추천 책을 보기 위해서라도 책을 구매하지 않을까요?

이해하기 쉽게 쓴 디렉터의 메시지

전시에서도 사전 지식은 유용합니다. 전시 내용이나 작가에 대해 어느 정도 알고 간다면, 전시의 이해도를 높이는 데 큰 도움이 되기 때문이죠. 더 많은 영감과 생각을 떠올리는 단서가 될 수도 있습니다. 하지만 즉흥적인 결정으로 미술관이나 박물관을 방문하는 경우도 의외로 많습니다.

저 역시 21_21 디자인 사이트를 방문할 때 어떤 전시가 열리는지 몰랐습니다. 그러나 전시를 시작할 때 이 안내를 보고, 해당 전시를 잘 이해할 수 있었는데요. 기획 의도를 설명한 디렉터의 메시지Director's Message입니다.

마음에는 여전히 통제되지 않는, 아니 더 정확히 말하면 길들여지지 않은 부분들이 있다. 우리는 이것을 야생의 영역이라고 부른다. 이 야생의 영역을 계속 활용하지 않는다면 새로운 무언가를 발견하거나 어떤 분야에서건 창의력을 발휘하는 것은 불가능하다. 마음속 야생의 영역에 들어가기 위해 우리는 어떻게 해야 할까? 그곳으로 이어지는 길을 어떻게 개척할 수 있을까? 이번 전시 〈야생: 길들여지지 않은 마음〉의 주제는 야생의 영역으로 들어가는 문을 여는 열쇠를 찾는 것이다.

신이치 나카자와(오른쪽 사진 '디렉터의 메시지' 중에서)

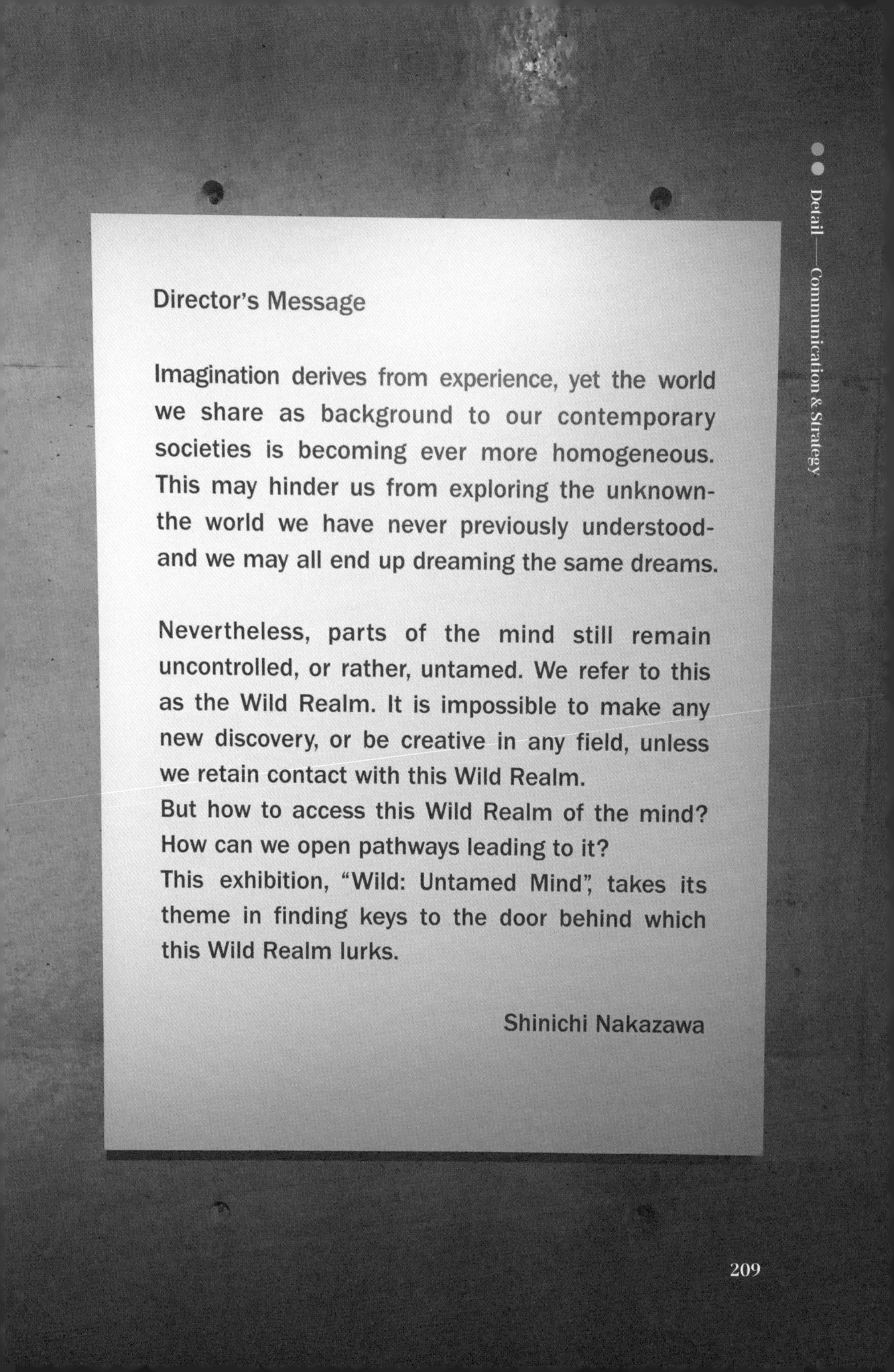

Director's Message

Imagination derives from experience, yet the world we share as background to our contemporary societies is becoming ever more homogeneous. This may hinder us from exploring the unknown-the world we have never previously understood-and we may all end up dreaming the same dreams.

Nevertheless, parts of the mind still remain uncontrolled, or rather, untamed. We refer to this as the Wild Realm. It is impossible to make any new discovery, or be creative in any field, unless we retain contact with this Wild Realm.
But how to access this Wild Realm of the mind?
How can we open pathways leading to it?
This exhibition, "Wild: Untamed Mind", takes its theme in finding keys to the door behind which this Wild Realm lurks.

Shinichi Nakazawa

대부분의 전시는 관람 전 기획 의도와 안내를 볼 수 있습니다. 하지만 제가 본 기획 의도들은 하나같이 어려웠습니다. 전문용어와 한자가 뒤섞여 어렵게 쓰인 문구가 많았습니다. 어딘지 모르게 어려워야 전시다운 전시가 되는 것처럼 말이죠. 이런 문구는 어른도 이해하기 어렵지만, 더 큰 문제는 어린이입니다. 과연 어린이 관람객이 해당 안내 문구를 읽고 제대로 이해할 수 있을까 싶은 경우가 많았습니다. 결국 어려워야 전시답다는 생각을 하는 공급자 관점의 마인드에 희생되는 대상은 관람객입니다. 관람객이 제일 중요한 핵심 타깃인데도 전시는 어려워야 한다는 고정관념의 끈을 놓지 못하고 있던 겁니다.

21_21 디자인 사이트가 전한 디렉터의 메시지는 일본어와 영어로 각각 쓰여 있었지만, 누가 봐도 쉽게 이해할 수 있는 단어와 문장을 선택한 점이 돋보였습니다. 마지막에는 질문을 던지며 관람객이 어떤 점을 생각하고 전시를 둘러보는 것이 좋을지 알려주었습니다. 전시는 어려워야 한다는 선입견을 깨고, 관람객 입장에서 최대한 쉽게 이해할 수 있도록 기획 의도를 간략히 설명한 겁니다.

커뮤니케이션의 본질은 결국 '전달'에 있다고 생각합니다. 나의 뜻과 생각을 상대방에게 잘 전달하고, 상대방의 의도 역시 잘 이해하는 것이 커뮤니케이션의 기본이라 생각합니다. 형식은 차후의 문제이고요. 형식이 어려워 의미마저 전달되지 않는다면 잘못된 커뮤니케이션이지 않을까요? 문화 시설은 전 연령대가 이용하는 경우가 많습니다. 유아부터 중장년층까지 다양한 세대가 방문하는 곳이죠. 그렇다면 어른들만 이해할 수 있는 언어가 아니라, 조금 쉽더라도 어린이와 어른이 함께 이해할 수 있는 쉬운 언어로 표현하는 게 좋지 않을까요? 저는 평소에도 박물관이나 미술관에 쓰인 말들이 너무 어렵다는 생각을 많이 했습니다. 나만 어렵고 다른 관람객은 괜찮을까 싶었지만, 함께 간 일행이 "뭘 다 이해해, 그냥 보는 거지"라고 말했던 기억이 납니다. 기획 의도를 온전히 이해하는 사람이 별로 없다면, 전시 기획자 입장에서도 아쉬움이 남을 것입니다.

건축 히스토리를 다양하게 사용하는 방법

관람을 마치고 나오던 길에 눈길을 사로잡는 것이 있었습니다. 21_21 디자인 사이트의 굿즈goods였는데요. 그중에서도 제일 관심이 갔던 건, 21_21 디자인 사이트의 초기 스케치와 건설 현장을 담은 엽서였습니다. 이곳을 설계한 건축가 안도 다다오는 한 가지 습관이 있었습니다. 그때그때 떠오른 생각과 아이디어를 스케치로 옮기는 것이었죠. 전체적인 이미지를 먼저 떠올린 뒤 공간 구성, 건물 축선, 건축 계획 등을 생각나는 대로 기록했습니다. 21_21 디자인 사이트의 디자인은 설계를 의뢰한 이세이 미야케의 '한 장의 천a piece of cloth'이라는 작품을 보고 떠오른 영감이라고 합니다. 이처럼 그는 언제나 종이와 펜을 가지고 다니며 즉각적으로 영감을 기록했습니다. 그런 '과정'들이 미술관의 히스토리가 되어 굿즈로 만들어졌다는 사실이 흥미로웠습니다.

2017년, 21_21 디자인 사이트의 개관 10주년을 기념하여 오리지널 굿즈가 만들어졌습니다. 독특하게 이 굿즈에는 10주년을 상징하는 문구나 그림이 없었습니다. 그 대신 굿즈도 디자인을 보는 관점의 도구가 되었으면 하는 바람을 담아 몇 년 동안 꾸준히 사용해도 무방한 깔끔한 디자인으로 제작했습니다.

평범하지 않은 건물을 둘러보며 찾아든 호기심을 굿즈

로 해결해준다는 점도 인상 깊었습니다. 저는 미술관 전체 규모의 80%를 차지하는 지하 공간이 어떤 발상으로 나오게 되었는지가 매우 궁금했습니다. 건물 천장의 경우, 하나의 철판을 반으로 접어서 직선을 강조했는데 접은 철판의 모서리가 땅과 만나는 디자인이 어떻게 나왔는지에 대한 호기심도 있었죠. 이런 호기심은 히스토리가 담긴 굿즈를 보며 자연스럽게 풀렸습니다. 마지막으로 소장 욕구가 강하게 든다는 점이 특별하게 다가왔습니다. 저는 보통 전시를 보더라도 굿즈를 구매하지 않습니다. 일반적으로 굿즈라고 하면 캐릭터나 BI 등을 활용하여 만드는 경우가 많기 때문에 크게 와닿지 않았거든요. 전시 내용과 관련된 굿즈에만 다소 관심이 갔을 뿐이었죠.

하지만 21_21 디자인 사이트의 굿즈는 달랐습니다. 단순히 이 건물이 만들어지는 과정과 순간을 굿즈로 만들었는데도 구매하고 싶은 마음이 들었습니다. 저명한 건축가인 안도 다다오가 설계한 건물이라서 굿즈를 준비했을 수도 있지만, 과정과 전통을 중요하게 생각하는 일본의 강점이 잘 느껴졌습니다. 건물이 지어질 때부터 이를 기록하기

안도 다다오가 21_21 디자인 사이트를 처음 떠올렸을 때 그린 그림과 건축 이야기

2017년, 개관 10주년을 기념해 21_21 디자인 사이트가 제작한 오리지널 굿즈들

디자인 사이트의 심벌 마크인 청색으로 제작된 21_21 사인펜 ©손현

안도 다다오의 초기 스케치를 사용해 제작한 엽서

21_21 디자인 사이트의 건축 히스토리가 담긴 작지만 특별한 굿즈다.

위해 많은 자원을 투입했고, 10년이 지난 시점에 굿즈로 만들어 관람객에게 선보인 건데요. 히스토리를 잘 활용한 좋은 시도라는 생각이 들었습니다.

21_21 디자인 사이트의 전시 경험은 일반 전시관과는 다소 달랐습니다. 차후 활용하기 쉬운 스티커 입장권부터 전시를 관람하기 전 기획 의도를 쉽게 설명해주는 디렉터의 메시지, 관람을 마치고 나왔을 때 건물에 대한 호기심을 간직할 수 있게 한 굿즈까지, 모든 관람 동선이 새로운 경험이었습니다. 다음 도쿄 방문 때에도 21_21 디자인 사이트는 다시 들를 예정입니다. 그때는 어떤 색상의 스티커를 줄지 벌써 기대가 됩니다.

안도 다다오의 건축에서 엿보는 디테일

건축에서는 남들이 잘 보지 않는 부분까지도 세심하게 신경 쓴 모습을 디테일이라고 표현합니다. 또는 건축에 얽혀 있는 남다른 철학이나 의미를 디테일이라고 부르기도 하죠. 21_21 디자인 사이트도 미술관 건물로서의 디테일이 있습니다. 여기서 디테일이란, 모르고 가면 보이지 않지만 미리 알고 가면 의도가 잘 느껴지는 건축적 특징을 말합니다. 21_21 디자인 사이트가 어떤 디테일을 가지고 있었는지, 또 안도 다다오의 건축에서 엿볼 수 있는 디테일은 무엇인지 살펴보고자 합니다.

외부에서 21_21 디자인 사이트를 보면 그리 크지 않은 규모입니다. 그래도 미술관인데 이렇게 작아도 되나 싶을 정도입니다. 하지만 입장해서 계단을 내려가는 순간, 지하에 펼쳐진 거대한 공간 규모에 깜짝 놀라게 됩니다.

21_21 디자인 사이트는 전체 건물의 80%가 지하에 묻혀 있습니다. 대지 위로 충분히 층을 올려 규모 있는 대형 미술관을 만들 수도 있었지만, 역으로 지하에 공간을 더 만들면서 스스로 공간의 한계를 드러냈다는 느낌이 들었습니다. 땅값 비싸기로 유명한 미드타운 지역에서 이렇게 비효율적으로 건물이 지어진 곳은 이곳밖에 없다는 생각마저 들었습니다.

게다가 21_21 디자인 사이트의 모든 벽은 노출 콘크리

21_21 디자인 사이트 입구를 통과해 계단을 내려오면 보이는 지하 공간

트입니다. 지금이야 노출 콘크리트 건축 스타일이 흔해졌지만, 10년 전만 하더라도 이 방식으로 지은 건물은 많지 않았습니다. 대부분 철근 콘크리트로 건물을 지은 뒤, 겉에 타일을 붙이거나 페인트칠을 해서 콘크리트를 최대한 숨기기에 바빴죠. 하지만 21_21 디자인 사이트에서는 벽 어디에서도 타일이나 페인트칠을 볼 수 없었습니다. 어떤 벽이든지 애초에 지어진 노출 콘크리트를 그대로 드러내고 있었습니다.

어느 곳에서나 쉽게 빛을 볼 수 있다는 사실도 발견했습니다. 입장할 때는 입장 동선에 따라 바깥 풍경을 볼 수 있었고, 계단으로 걸어 내려와 전시장으로 가는 길에서도 통유리를 통해 빛을 볼 수 있었습니다. 노출 콘크리트로 되어 있어 차가운 느낌이 날 거라고 생각했지만, 빛이 들어오는 덕분인지 예상외로 따뜻한 느낌이 들어 신기했습니다. 여행을 다녀온 뒤 안도 다다오의 건축 철학에 대해 찾아보면서 그 이유를 알게 되었습니다.

안도 다다오는 '장소성'과 '자연성'을 강조했습니다. 그는 우선 건축이 자리 잡는 장소에 대한 의미를 찾고자 했습니다. 지역이 어떤 의미를 갖는지, 그 지역에 사는 사람들은 어떤 문화적 환경을 갖는지 우선적으로 고민한 뒤, 이를 구체화하여 건축을 해나갔습니다. 안도 다다오는 장소성에 대한 자신의 생각을 이렇게 설명했습니다.

건물을 지을 자리로서의 땅은 자연이 지닌 고유의 논리로 판단되고 건축 또한 고유의 논리를 지니고 있다고 나에게는 느껴진다. 건축대지는 늘 인간에게 끊임없이 부르짖고 있다. 자기에게 가장 알맞은 건축을 바라는 그 부르짖음은 그것을 들으려고 귀 기울이는 자에게만 들리게 될 것이다. 이렇게 대지의 요구에 어떻게 호응할 것인가가 건축이라는 행위일 것이다.

임채진, 《안도 다다오:건축의 누드작가》(살림, 2004)

안도 다다오의 철학을 듣자 그가 왜 미술관에 지하 공간을 만들었는지 조금이나마 이해가 갔습니다. 사실 21_21 디자인 사이트의 위치는 미드타운 한가운데라 주변에 고층 건물이 즐비합니다. 각각의 고층 건물은 저마다의 개성을 표현하기 위해 다양한 건축적 시도가 펼쳐지고, 때론 높이 경쟁까지 하는 것처럼 보입니다. 그리고 그 지역에 머무는 사람들은 자연스럽게 '층'을 가진 삶을 살며 광활한 대지와 멀리 떨어진 일상을 살게 됩니다. 이를 본 안도 다다오가 고층 건물 경쟁을 피하고 인간이 대지와 최대한 가깝게 있는 공간을 상징적으로 만든 게 아닐까요? 다른 고층 건물처럼 똑같이 위로 올라가는 게 아니라 미술관 앞의 넓은 공원을 통해 인간 본연의 자연성을 되찾고, 지하로 내려가는 구조를 통해 대지와 함께 전시를 관람하는 공간으로 만들었다는 생각이 들었습니다. 그의 건축에서 대표적인 특징으로 꼽는 노출 콘크리트와 빛은 '자연성'과 관련이 있습니다. 빛, 물, 바람, 나무, 하늘 등 자연 소재를 적극적으로 활용해 건물을 디자인했습니다. 그렇게 자연과의 조화를 꾀한 것이죠. 안도 다다오는 건물과 자연을 갑을 관계가 아닌 동등한 상생 관계로 바라봤습니다. 자연과 어울리지 못하는 건물은 생명력이 길지 않다고도 생각했죠. 빛, 물, 노출 콘크리트. 안도 다다오의 건축물에 빠지지 않고 등장하는 이 세 가지 요소를 보고, 사람들은 그를 가리켜 '빛과 물 그리고 노출 콘크리트의 건축가'라고 부릅니다.

저는 빛과 물은 이해가 되었지만, 노출 콘크리트가 왜 자연적 요소에 속하는지 궁금했습니다. 그 비밀은 '순수한 재료'라는 특성에 있었습니다. 안도 다다오는 건축물을 예술 작품으로 생각하지 않았습니다. 건축물의 역할은 사람이 잘 살아갈 수 있는 것에 방점이 찍혀야 한다고 생각했죠. 그래서 예술 작품처럼 다양한 색채와 재질로 콘크리트를 덮어 디자인하는 일을 경계하기도 했습니다. 자연과의 이질감이 느껴질 뿐만 아니라 건축의 기본 역할에 위배된다고 생각했기 때문입니다.

노출 콘크리트는 어쩔 수 없이 인간의 삶을 위해 무엇인가를 지어야 하는 건축가의 고민이 담긴, 자연을 향한 최소한의 예의였습니다.

●●●○○ DAY 3

생각을 이끌어내는 공간 경험, 아카데미 힐스

문화의 축

아카데미 힐스Academy Hills는 도시 재생의 표본으로 알려진 롯폰기 힐스 모리타워 49층에 있습니다. 롯폰기 힐스를 처음 보는 순간, 이곳이 불과 20년 전만 해도 목조 건물로 가득했던 달동네였다는 사실을 상상할 수 없었습니다. 고개를 들어도 끝이 보이지 않을 정도로 높은 모리타워와 이를 둘러싼 거대한 규모의 쇼핑몰 그리고 그 주위를 감싼 아름다운 정원까지. 왜 많은 사람이 이곳을 도시 재생의 표본으로 여기는지 차츰 이해가 갔습니다.

아카데미 힐스를 이해하기 위해서는 롯폰기 힐스가 어떤 콘셉트와 취지로 만들어졌는지 알아야 합니다. 결론부터 이야기하자면, 롯폰기 힐스는 '현대의 근로자'들을 위한 공간입니다. 과거 1차 산업과 2차 산업 당시 노동자는 신체를 활용해 일하는 경우가 많았습니다. 밭에 나가 농사를 지었고, 공장의 컨베이어 벨트 앞에서 조립을 했습니다. 하지만 3차 산업 그리고 작년부터 사람들의 입에 오르내리는 4차 산업의 노동자는 지식 기반 산업의 근로가 많습니다. 이들에게 필요한 공간이 무엇일까 고민 끝에 탄생한 것이 바로 롯폰기 힐스입니다.

그래서 롯폰기 힐스는 두 가지에 초점을 맞췄습니다. 첫째, 사무, 주거, 쇼핑, 문화 등 도시인의 모든 생활이 하나의 건물 안에서 이뤄질 수 있도록 했습니다. 둘째, 모든 공간에서 영감을 얻을 수 있는 공간 경험을 추구했습니다. 이 중 아카데미 힐스는 '문화'의 중요한 축을 담당하고 있으며, 지성인이 자신의 아이디어를 정리하고 다른 사람과의 커뮤니케이션을 통해 지적 네트워크를 만들어나가는 중심부 역할을 하고 있습니다. 저는 아카데미 힐스에서 일일권을 끊고 8시간 동안 머물렀는데요. 이곳에서 무엇을 경험하고 느꼈는지 기록해봤습니다.

흥하는 멤버십의 비결

아카데미 힐스를 이용하기 위해서는 입구에 있는 안내 데스크를 반드시 지나가야 합니다. 나중에 알게 되었지만, 월간 또는 연간 회원권을 끊은 사람은 별도의 네임 카드가 주어지는데, 이를 목에 걸고 안내 데스크를 지나가면 인증이 되는 방식이었습니다. 방문객 또는 하루 이용자는 일일 이용권을 끊고 들어가야 했습니다.

아카데미 힐스는 철저하게 멤버십으로 움직입니다. 물론 저처럼 일일권을 끊고 사용하는 경우도 있지만, 안내 데

스크에 물어본 결과, 월간 또는 연간 회원권을 끊은 사람이 대다수라고 합니다. 이곳의 멤버십이 되려면 적지 않은 비용이 들어갑니다. 월 기준으로 9000엔, 즉 한화로 하면 10만 원 정도의 멤버십 비용을 지불해야 하는데, 연간은 10만엔, 한화로 하면 약 110만 원의 금액(2018년 11월 10일 기준)입니다. 그럼에도 사람들은 기꺼이 아카데미 힐스의 회원이 되고자 합니다.

아카데미 힐스에서 '멤버십이란 어떤 의미일까'라는 생각이 가장 먼저 들었습니다. 사전적인 의미에서 멤버십은 단체의 구성원인 사실, 또는 구성원의 자격이나 지위를 일컫습니다.

즉 멤버로서 갖게 되는 자격-ship이 바로 멤버십인데요. 그 속에는 고객은 브랜드의 일원이 되고 싶다는 바람을 표현하고, 브랜드는 멤버십을 핵심 고객으로 받아들여 이들을 위한 혜택을 제안하겠다는 의미가 담겨 있습니다.

더 나아가 좋은 멤버십은 고객이 브랜드를 사랑할 수 있는 매개체가 되고, 브랜드의 멤버라는 사실만으로도 자부심을 느끼게 합니다. 우리가 흔히 떠올리는 멤버십은 대규모 가입자를 둔 형태입니다. 통신사 멤버십부터 롯데, CJ와 같은 유통업체의 멤버십, 그리고 은행에서 운영하는 멤버십이 모두 여기에 속합니다. 하지만 이런 멤버십이 '단체의 구성원이라는 사실'에 가치를 두는 경우는 별로 없었습니다. 대부분이 포인트나 기프티콘 등을 주면서 가입을 유도하고, 지속적으로 할인이나 포인트를 적립해주는 경제적인 혜택만 부여했죠.

대규모 가입자를 가진 멤버십이라도 조금 다르게 운영하며 큰 호응을 얻는 사례도 있습니다. 첫째는 아마존 프라임Amazon Prime입니다. 2018년 11월 10일 기준, 연간 기준 119달러(한화 약 13만4000원), 월정 요금으로 하면 한 달에 12.99달러(한화로 약 1만4000원)만 내면 아마존 프라임 회원이 될 수 있습니다. 아마존 프라임 멤버십은 2013년 6월 2800만 명(시장조사기관 스태티스타)에서 2018년 1억 명 이상으로 증가할 만큼 높은 성장세를 보이고 있습니다. 이들을 위한 혜택은 무궁무진합니다. 2018년 11월 10일 기준, 미국 전역은 2일 이내로 무료 배송을 해주며 일부 지역에 한해서는 1일 내로 무료 배송을 해주기도 합니다. 사진을 무제한으로 클라우드에 저장할 수 있는 프라임 포토 서비스, 무료로 음악과 비디오를 청취할 수 있는 프라임 뮤직 · 비디오 서비스 등도 제공하죠. 최근에는 작년에 인수한 홀푸드를 활용하여 1~2시간 내에 홀푸드 식료품을 배달해주는 혜택을 추가했습니다. 아마존 프라임 사용자에게는 일반 아마존 사용자보다 더 특별한 혜택을 제공하면서 멤버십에 대한 강한 호감을 드러내고 있습니다.

둘째는 일본의 CCCCulture Convenience Club가 운영하는 티

포인트입니다. 티포인트는 츠타야를 이끄는 CCC가 2011년에 발행하기 시작한 멤버십 카드입니다. 2017년 9월 말 기준으로 회원이 6443만 명을 돌파하며 일본 국민의 절반이 넘게 가입한 대표 멤버십 제도로 성장했습니다. 무료 발급이 아닌 소정의 연회비*를 내야 함에도 이만큼이나 성장했죠. 티포인트의 활용처는 매우 다양합니다. 츠타야 서점뿐만 아니라 편의점, 슈퍼, 백화점, 약국, 배달 서비스, 도서관, 부동산 등 티포인트와 제휴를 맺지 않은 곳을 찾기 힘들 정도로 다양한 카테고리에서 다수의 제휴처를 확보**하고 있습니다.

그렇다면 사람들은 왜 아카데미 힐스, 아마존 프라임, 츠타야의 멤버십에서는 돈을 내면서까지 계속 멤버십을 연장하려고 할까요? 우리가 일상적으로 사용하는 일반적인 멤버십에서는 왜 그런 생각이 들지 않는지 궁금해졌습니다. 멤버십은 사용자의 평판과 밀접한 관련이 있습니다. 사용자의 경험에 기반한 평판은 '이 멤버십을 사용해보니 이렇더라, 이 멤버십 정말 좋으니까 너도 가입해봐라' 등을 말할 수 있는 근거가 되죠. 멤버십은 평판이 좋아야 성공할 수 있습니다.

---

* 처음 가입 시 1년 기준 300엔(한화로 약 3000원), 연장의 경우 200엔(한화로 약 2000원)

** 2018년 11월 10일 기준 262여 개의 업체와 제휴 중

멤버십 평판의 근거는 크게 세 가지로 나뉩니다. 우선은 '브랜드 자체가 강력한 힘을 가졌는가'입니다. 브랜드가 잘나가야 멤버십이 힘을 가질 수 있습니다. 아마존과 츠타야의 멤버십이 긍정적인 평가를 받는 이유는 이들이 남다른 브랜드 철학으로 각자의 시장에서 승승장구하기 때문입니다. 덕분에 이들이 만든 멤버십도 강력한 힘을 받을 수 있는 거죠. 또 브랜드 파워가 강력해야 브랜드 정체성이 나의 정체성을 대변할 수 있는 또 다른 자아라고 생각할 수 있습니다. 브랜드 정체성이 뚜렷하지 않은데도 이 브랜드로 자기 자신을 설명할 수 있다고 생각하는 고객은 아무도 없겠죠. 그렇게 되면 결국 좋은 평판을 얻을 수 없습니다. 우리가 자주 사용하는 대규모 가입자를 가진 멤버십은 대기업이 운영하지만 뚜렷한 브랜드 정체성이 없습니다. 브랜드 정체성으로 자기 자신을 설명할 수 없다고 느끼자, 사람들은 경제적인 혜택을 누릴 수 있을 때만 멤버십을 잠깐 이용하고 말았습니다. 그 결과 좋은 평판도 생기지 않았죠.

평판이 만들어지는 두 번째 근거는 '멤버십 고객이 자부심을 느끼는가'입니다. 누군가에게 자랑하고 싶은 멤버십이 있습니다. 해당 멤버십의 사용자 스스로가 좋은 혜택을 누리고 있음을 드러내게 만드는 거죠. 이는 멤버십의 긍정적인 평판을 만들고, 해당 멤버십을 이용한다는 점에서 사용자의 평판까지 좋아지는 효과를 가져올 수 있습니다. 이런 자부심에서 오는 긍정적인 평판을 만들기 위해서는 혜택의 방향성이 매우 중요합니다. 단순히 할인이나 포인트 적립을 넘어 멤버십 고객만이 느낄 수 있는 혜택이 필요합니다. 잘나가는 멤버십을 살펴보면 고객이 원하는 진짜 혜택을 찾아주는 것에 초점을 맞춥니다. 단순히 가격 측면의 혜택만 제공하면서 고객을 끌어들이기보다는 멤버십 고객이 진짜로 원하는 게 무엇인지를 파악하고 고민해야 합니다.

고객이 배송 시간과 배송비에 대한 불편함을 느낀다는 사실을 인지한 아마존이 이를 해결해주는 혜택을 내걸어 멤버십을 만든 것처럼 말이죠. 또는 자기 취향에 맞는 문화 콘텐츠를 놓치기 싫은 고객을 위해 구매나 대여 콘텐츠 기반으로 취향에 맞는 새로운 콘텐츠를 제안하는 츠타야처럼 없던 서비스를 멤버십 혜택으로 만들 수도 있습니다.

마지막 근거는 '멤버십을 가지지 않은 제3자가 부러워하는가'입니다. 멤버십에서는 '나도 저 커뮤니티의 소속이 되고 싶다'는 생각이 드는 것이 중요합니다. 그래야 단체의 구성원이 되기 위해 자발적으로 멤버십 신청서를 내밀기 때문입니다. 부러움은 상품의 매력에서 나올 수도 있고, 누군가 이 멤버십을 이용하고 있다는 사실에서 나올 수도 있습니다. 부러움은 멤버십의 평판을 올려줄 수 있는 요소이고, 멤버십이 성장하기 위한 신규 유입은 부러움을 만들어내는 좋은 평판에서 나옵니다.

정리하자면, 강력한 브랜드 파워에서 만들어진 브랜드 정체성이 멤버십 사용자의 정체성을 대신 나타낼 수 있고, 멤버십 사용자가 자부심을 느껴 계속 유지하고 싶은 마음이 들게 하며, 제3자 입장에서 멤버십에 속하고 싶다는 생각이 들면서 새로운 유입을 계속 만들어내는 것. 이 요건들이 충족되면 이상적인 멤버십이라고 볼 수 있지 않을까요?

멤버십을 만들고 확장하는 과정에서 '숫자'에만 몰입하는 경우를 많이 봤습니다. 멤버십에 가입하면 아메리카노를 바꿔 마실 수 있는 기프티콘을 주는 경우도 있고, 멤버십 신청서 추천인에 누군가를 적으면 현금성 포인트를 주는 경우도 수두룩합니다. 신규 고객 확보에만 집중하기 때문입니다. 물론 일정 규모 이상의 멤버십에서는 고객을 계속 '유지'하려는 노력이 중요합니다. 하지만 숫자에만 몰입하다 보면 멤버십 비즈니스의 본질을 상당 부분 놓칠 수 있습니다. 고객들이 진짜로 원하는 것이 무엇인지 고민하고, 그들이 멤버십에 가입해야 하는 이유를 고민하는 과정이 필요합니다. 그동안 가격 혜택에만 초점을 맞추었다면, 이제는 조금 더 의미 있는 혜택을 만드는 일에 집중해야 합니다.

높은 천장과 넓은 창문이 주는 의미

아카데미 힐스에서 일일권을 끊고 들어가면, 가장 먼저 보이는 것은 높은 천장입니다. 일반적인 천장 높이와 달리 2~3층을 전부 뚫어놓은 높이였습니다. 알려진 바에 따르면 층고(건물의 층과 층 사이의 높이)가 무려 7m에 육박한다고 하는데요. 한국 평균 주택 층고가 2.3m에 비교하면 약 세 배 가까이 높습니다. 라이브러리를 이용하려고 들어오는 순간, 위가 뻥 뚫린 느낌이 드는데요. 이 공간에 들어서면 보이는 넓은 통유리를 통해 도쿄 시내와 스카이라인을 한눈에 볼 수도 있습니다. 층고가 높고 창문이 많다는 것은 형광등이 필요 없다는 뜻과 같습니다. 《도시는 무엇으로 사는가》라는 책을 보면 "현대 건축 최고의 적은 형광등"이라는 말과 함께 그 이유가 나옵니다.

예전에 학교에서 현대 건축의 최고의 적은 형광등이라고 배운 적이 있다. 과거에는 사람들이 햇볕을 받기 위해서 창을 내어 창가에 살았고, 건축가들은 자연 채광을 들여오기 위해서 재미난 단면을 고안해내야만 했다. 그러다가 값싸게 인공의 빛을 만들 수 있는 형광등이 건축에 도입되면서부터 건축물은 더 이상 햇볕이 들어오는 디자인에 신경 쓸 필요가 없게 되었다.

유현준, 《도시는 무엇으로 사는가》(을유문화사, 2015)

이처럼 형광등이 발명되면서 우리는 햇빛이 필요 없는 공간에서도 생활할 수 있게 되었습니다. 그래서 건물은 지하 깊숙한 공간까지 들어가게 되었고, 창문이 없는 곳에서도 밝은 채광을 유지할 수 있게 되었습니다. 햇빛을 소중히 여기는 마음은 자연스레 사라지게 되었죠. 햇빛이 아쉬웠던 마음을 아카데미 힐스에서 달랠 수 있었습니다. 높은 천장과 함께 뻥 뚫린 전면 유리는 형광등이 필요하지 않은 공간을 만들었습니다. 채광만으로도 충분히 내부를 밝게 할 수 있기 때문입니다. 그래서인지 아카데미 힐스는 자연과 가까운 공간이라는 생각이 들었습니다. 롯폰기라는 도심, 그것도 49층이라는 고층에서 자연을 만날 것이라는 생각은 못 했지만, 뜻밖의 공간 경험이 첫인상을 좋게 만들었습니다.

고층 건물에서만 할 수 있는 일

모리타워는 명실상부한 도쿄의 랜드마크입니다. 도쿄타워와 함께 도쿄 스카이라인의 중심축을 구성하며, 도시 재생 관점에서도 좋은 참고 자료로 꾸준히 언급되는 건물입니다. 밖에서 바라봤을 때 웅장함을 느낀 모리타워를 중심으로 삼아 롯폰기 일대를 둘러보기도 했습니다.

건물 밖에 있는 사람들에게 모리타워와 같은 고층 건물은 랜드마크가 될 수 있습니다. 하지만 건물 밖에서 바라보는 것보다 건물 안에서 밖을 보는 사람들을 위한 특별한 공간 경험이 더 중요하지 않을까 하는 생각이 들었습니다. 단층 건물이 제공할 수 없는 특별한 경험을 고층 건물은 줄 수 있기 때문입니다.

그래서 타워가 몇 층이고, 몇 m이며, 어떤 모양을 하고 있는지 등 외관에 주목하기보다 고층 건물 내부에서 바깥 세상을 경험할 수 있는 특별한 공간이 설계되었는지가 더 중요하다고 봅니다. 물론 전망대가 그 역할을 하고 있습니다. 하지만 제 경험상, 전망대에서 오랫동안 창밖을 살펴보기는 쉽지 않은 적이 훨씬 많았죠. 전망대는 항상 구경하려는 사람들로 번잡했고, 오랜 시간 편하게 머무를 수 있는 공간을 찾기가 힘들었습니다.

아카데미 힐스를 추천하는 리뷰를 살펴보면 한 가지 재미있는 점이 있습니다. 도쿄 야경을 보러 도쿄타워 전망대로 갈 바에는 차라리 아카데미 힐스에서 야경을 바라보며 여유롭게 시간을 보내는 게 낫다는 의견이 의외로 많다는 것인데요.

고층 건물 내부에 있는 고객이 밖을 내다보는 경험을 특별하게 만들어준다면, 고층 건물의 역할이 달라질 수도 있지 않을까요? 안에서 밖을 보는 고객에게 집중하면 재미있는 아이디어가 나올 수도 있습니다. 예를 들어 도시 전경이나 야경 찍는 법을 알려주는 포토 스튜디오가 있다면 어떨까요? 이런 수업은 고층 건물에서만 가능하기 때문에 자연스레 차별점도 생길 수 있습니다.

붐비는 전망대보다 아카데미 힐스에서 책도 보고,
야경도 여유롭게 감상하기를 추천하는 사람들이 많다.

여덟 시간 동안 경험한 공간이 가져다준 재발견

안내 데스크에서 일일권을 끊고 자리를 잡았습니다. 노트북을 가져오지 않아 살짝 후회되기도 했지만, 필기도구와 스마트폰이 있으니 이를 활용해 생각을 정리하기로 했습니다. 처음에는 다소 적응 안 되는 자리와 환경 때문에 집중하기가 쉽지 않았습니다.

하지만 한 시간 정도 지나자 의자와 책상에 완벽히 적응되었습니다. 의자는 편안했고, 1인이 사용할 수 있는 책상 범위가 넓어서 좋았습니다. 저는 무언가에 집중할 때 책상을 어지럽히는 편이어서 책상이 좁은 곳에서는 집중이 잘 안 됩니다. 다행히 이곳의 책상은 상당히 넓어 하던 일에 집중할 수 있었습니다. 이곳은 크게 네 가지 공간으로 나뉘어 있습니다.

첫째, 넓은 창가 앞 소파에서 편한 자세로 앉을 수 있는 공간입니다. 이 좌석은 노트북을 사용하기에는 다소 불편하기 때문에 대부분 아이패드로 무언가를 시청하거나 책을 읽고 있었습니다. 간혹 잠을 자는 고객도 있었죠.

둘째, 창가 자리는 아니지만 서너 명이 동시에 작업할 수 있는 원형 테이블과 의자가 놓인 공간입니다. 오픈형 공간이라, 폐쇄적인 자리보다는 개방적인 자리에서 집중이 잘 되는 사용자에게 안성맞춤이었습니다. 또 협업해야 하는 경우가 있다면 이곳에서 조용한 목소리로 이야기를 나누며 작업을 진행할 수도 있었습니다.

셋째, 창가 근처에 있는 서재 스타일 공간입니다. 자리마다 스탠드가 하나씩 갖춰져 있고, 넓은 책상과 의자 덕분에 서재를 옮겨다 놓은 느낌이었습니다. 다만 자리가 5~6개밖에 없어 그야말로 자리 쟁탈전이 일어나는 공간이기도 했으며, 아침 일찍 오지 않으면 이 공간에 자리 잡기는 쉽지 않아 보였습니다.

마지막은 창가 쪽 스툴 의자 공간입니다. 스탠드 테이블과 스툴 의자가 있는 이 공간에서는 주로 간단하게 차를 마시거나 무언가를 정리하는 사용자들이 짧은 시간 머물렀습니다. 네 개 공간이 성격별로 나뉘어 있다 보니 방문 목적에 따라 원하는 공간에서 집중하는 시간을 보낼 수 있

가장 많은 워커가 몰려 있는 원형 테이블 공간

습니다. 오늘은 가볍게 책을 읽기 위해 왔다면 창가의 소파 의자를, 오늘은 집중해서 원고를 마감해야 한다면 원형 테이블 또는 창가의 서재 스타일 공간을 이용할 수 있습니다. 처음에는 저도 소파 자리에서 쉬다가 어느 정도 공간에 적응할 무렵 창가 서재 자리로 이동했습니다.

장시간 앉아 있었던 창가 자리에서는 '근'과 '원'의 적절한 조화를 느꼈습니다. 공부나 작업에 집중하게 되면 계속 고개를 숙이고 가까이 있는 것만 보게 되는데요.

그러다 가끔 고개를 들면 멀리 떨어진 도쿄 시내와 하늘을 볼 수 있었습니다. 개인적인 경험에 한정되는 이야기일지도 모르나, 무언가 생각하다가 하늘을 바라보면 이상하리만큼 새로운 아이디어가 떠올랐습니다. 아마도 시야 변경과 원근감의 변화가 기존의 생각을 환기하는 효과를 주지 않았을까요?

주황색 불빛의 스탠드도 좋았습니다. 주황색 불빛의 스탠드를 가져다 놓은 이유를 밤늦게야 알았는데요. 바로 야경과의 조화 때문이었습니다. 만약 하얀색 밝은 스탠드를 여러 책상에서 켜고 있었다면 야경이 잘 보이지 않았을 겁니다. 실내가 지나치게 밝으면 밖이 잘 보이지 않는 원리 때문이죠.

무언가에 집중하다 고개를 들면
도쿄가 한눈에 들어온다.

어느새 어둑해진 시간.
고도의 집중으로 생산적인 시간을 보낼 수 있었다.

생각을 열어주는 실마리가 중요하다

아카데미 힐스에는 도서관도 있습니다. 〈하버드 비즈니스 리뷰Harvard Business Review〉, 〈포춘Fortune〉, 〈이코노미스트Economist〉 등 비즈니스 분야 잡지뿐만 아니라 〈지큐GQ〉, 〈맨즈헬스Men's Health〉와 같은 라이프스타일 잡지도 있습니다. '후세에 전하고 싶은 명서'라는 기획으로 준비된 책들을 그레이트 북스 라이브러리에서 만나볼 수도 있습니다. 누구나 책꽂이에 있는 책을 자리로 가져와 자세히 살펴볼 수 있는 공간이었죠.

아카데미 힐스는 무언가를 떠올리고 생각할 수 있는 '실마리'를 제공하는 공간을 지향했습니다. 저는 어떤 문제에 대해 고민하다가 아이디어가 나오지 않으면 의도적으로

책상 옆에 잡지를 모아둔 구역 다양한 잡지를 볼 수 있다.

딴짓을 하는 경우가 있습니다. 고민해야 할 문제를 잠시 서랍에 넣어두고 생각하기를 멈춥니다. 이때 딴짓은 게임이나 운동처럼 완전히 스트레스를 해소하는 쪽보다는 신문이나 못 읽었던 책을 꺼내 보는 일이 대부분입니다. 어떤 경우에는 잡지를 읽기도 하죠. 어쨌든 무언가를 새롭게 읽는 일에 집중합니다. 그러다 보면 어떤 문장이나 생각에서 순간적인 영감을 얻게 되는데, 그때 '이것을 여기에 적용해 보면 어떨까' 하며 서랍 안에 넣어둔 고민을 다시 꺼냅니다. 그럴 때 문제 안에 갇혀 골머리를 앓을 때는 결코 떠올릴 수 없었던 새로운 생각이 떠오르죠. 머릿속 어딘가에서는 계속 굴러다니는 생각거리가 상호작용을 일으킬 만한 소스를 만나면 그 둘이 결합하는 방식입니다.

이런 경험이 반복되다 보니, 이 방식이 고민을 해결하는데 적합하다는 확신이 들었습니다. 기획서 제출이나 원고 마감을 코앞에 두고 도저히 아이디어가 떠오르지 않을 때도 이 방법을 사용합니다. 딱 한 시간만 편한 마음으로 새로운 것을 읽어보자고 생각하고 이를 실행하는데, 그러면 신기하게도 마감 시간 내에 만족할 만한 결과물을 제출할 수 있었습니다. 이런 저의 개인적인 습관이 마치 이 공간에 반영된 느낌이었습니다. 실제로 어떤 고민을 하다가 막히는 부분이 있었는데, 비즈니스 잡지를 보면서 새로운 콘셉트를 발견하기도 했습니다. 무슨 말인지는 완벽히 이해

Tokyo 일본의 명서를 만날 수 있는 그레이트 북스 라이브러리

하지는 못했으나 일본어로 된 책을 살펴보면서 콘텐츠 아이디어나 단어 선택에 관한 힌트를 얻기도 했습니다. 생각을 끌어내는 장소에 새로운 생각을 만드는 실마리를 마련해두는 일도 중요한 디테일입니다. 이런 실마리, 즉 소스가 영감을 만들어내기에 소스를 어떻게 큐레이션하는지도 중요하죠. 결국 큐레이션이 해당 공간의 성격을 규정하고, 계속 찾아올 이유를 만들어내지 않을까요? 의자와 책상이 있는 장소는 굳이 아카데미 힐스가 아니더라도 많으니까요.

화장실에서 생각한 제1사고 원칙

'제1사고 원칙'이라는 것이 있습니다. 아리스토텔레스의 사고법이었던 제1사고 원칙은 넷플릭스 CEO 리드 헤이스팅스와 테슬라 CEO 일론 머스크의 사고법으로 알려지면서 유명해졌습니다. 제1사고 원칙은 일반적인 상식이나 형태에 얽매이지 않고 '본질'에 다가가 생각해보는 사고법입니다. 예를 들면 날아다니는 자동차를 고민한다고 가정해보겠습니다. 많은 사람은 자동차의 형태를 먼저 떠올리고, 이 자동차가 어떻게 하면 날아다닐 수 있는지를 고민합니다. 자동차 바퀴에 이착륙 장치를 달아볼 수도 있고, 자동차 본체에 로켓 발사체 같은 장치를 달아볼 수도 있겠죠.

하지만 이것은 제1사고 원칙에 따르면 어긋난 사고법입니다. 날아다니는 자동차라는 단어 자체에 얽매여 자동차 형태에서 벗어나지 못하고 계속 맴돌기 때문입니다. 제1사고 원칙에 따르면, 날아다니는 자동차를 고민할 때는 날아다니면서 수송하는 본래 기능에 초점을 둡니다. 그렇게 되면 형태는 꼭 자동차가 아니어도 되는 거죠. 어떻게 하면 효과적으로 이착륙할 수 있을지, 자동차처럼 수송 기능을 갖출 수 있을지만 고민해보면 됩니다. 이런 사고는 새로운 콘셉트를 지닌 디자인을 만들어낼 수 있고, 혁신으로 다가갈 수도 있습니다.

제1사고 원칙을 알게 된 뒤 저도 이렇게 생각해보는 연습을 꾸준히 해왔으나, 쉽지는 않았습니다. 어떤 사물의 현재 형태는 해당 분야에서 전문적인 능력을 갖춘 사람들이 고민해서 나온 최선의 결과물이기 때문입니다. 그렇지만 고객과 사용자는 '다른 형태'에 새로움을 느끼며 이를 혁신이라고 생각합니다. 그런 사례를 아카데미 힐스에서 찾게 된 거죠.

먼저 눈에 띈 것은 책장 앞에 놓인 의자였습니다. 멀리서 봤을 때는 일반적인 의자라고 생각했지만, 가까이에서 보니 형태가 조금 특이했습니다. 앉는 부분과 책상의 면 부분을 합쳐놓은 가구였습니다. 합체된 가구지만 생각보다 디자인이 정말 예뻤고, 고급스러운 공간과 잘 어울렸습니다. 사람들은 이 의자에 앉아 편하게 업무를 보고 있었습니다. 통화하면서 뭔가를 메모하는 사람도 있었습니다. 앉는 기능과 테이블 기능 두 가지를 합친다고 생각했을 때, 저는 의자는 그대로 두고 양옆 팔걸이에서 간이 테이블이 나오는 형태를 최선이라고 생각했습니다. 계속 이 형태에 얽매여 있었기 때문에 새로운 생각이 나올 수 없었죠. 앉은 상태에서 무언가를 받치는 기능적인 부분을 먼저 생각하자 형태는 다양해질 수 있었습니다.

그 결과, 아래 사진과 같은 나선형 의자 디자인이 나올 수 있었던 거죠. 이곳을 둘러본 고객은 지금까지와는 다른 형태의 가구에 새로움을 느끼기도 하고, 공간에 대한 호감도 역시 상승하게 됩니다.

의자와 테이블을 합친 새로운 형태의 가구

이런 사례는 화장실에서도 만날 수 있었습니다. 화장실 세면대에서 손을 씻으면서 처음 보는 광경이 있었습니다. 냉수와 온수를 '버튼'을 눌러 모드를 전환하는 것이었습니다. 그동안 제가 봐온 세면대의 냉온수 모드 전환은 방향과 관련이 있었습니다. 왼쪽으로 손잡이를 돌리면 온수고, 오른쪽으로 손잡이를 돌리면 냉수입니다. 모두 '방향'에 의존한 채 약간씩 변형을 주었죠. 하지만 이곳에서는 원터치로 냉온수 전환이 가능했습니다.

방향을 돌리는 수도꼭지를 사용할 경우, 방향 조절에 익숙지 않은 아이들이 레버를 끝까지 돌려 뜨거운 물에 화상을 입는 경우가 간혹 있었는데요. 이곳의 냉온수는 모두 적

아카데미 힐스에서 발견한
세면대의 냉온수 교체 버튼

절한 온도를 유지해 어린아이 혼자 이용해도 안전해 보였습니다. 여기에도 제1사고 원칙이 적용되었다고 생각합니다. 냉수와 온수라는 극단적인 온도 차를 극(오른쪽)과 극(왼쪽)의 방향으로 표시하는 방법에 적응하다 보니 새로운 형태가 나올 수 없었습니다. 하지만 냉수와 온수를 교체하는 '기능'에 초점을 맞추면 여러 형태가 나올 수 있습니다. 아카데미 힐스에 있는 버튼식 세면대처럼 말이죠. 고객을 향한 디테일을 말하다가 갑작스럽게 사고법 이야기로 넘어가서 의아할 수도 있을 것 같습니다. 고객을 향한 디테일 사례를 논하는 것도 중요하지만, 이런 사례들이 어떻게 나올 수 있었는지 그 출발에 관해 이야기해보고 싶었습니다.

고객을 향한 디테일 사례에는 제1사고 원칙을 적용한 경우가 많습니다. 어찌 됐든 고객은 지금까지와는 다른 새로운 형태에 관심을 두기 마련이고, 그 형태가 기능적으로도 우수할 경우 적합한 디테일이라고 생각하기 때문입니다. 주변을 한 번 둘러보면서 제1사고 원칙을 적용해보는 건 어떨까요? 예를 들면 화장품은 왜 꼭 플라스틱 형태에 담겨 있어야 하는지 생각해볼 수 있습니다. 화장품 용기의 기능은 첫째, 화장품이 잘 나오게 하고, 둘째, 담겨 있는 용량을 최대한 남김없이 쓸 수 있도록 하는 것입니다. 하지만 지금의 용기는 2번 기능을 충족하지 못하고 있죠. 그래서 내용물이 펌프를 눌러 더는 나오지 않는 경우, 뚜껑을 열고

탈탈 털어서 사용합니다. 형태보다는 기능에 대한 고민을 해보면 어떨까요? 플라스틱이 아니라 아이스크림 '설레임'의 포장과 같이 짜서 사용하는 용기로 바꿔보는 거죠. 그렇다면 화장품 용기의 기본 기능인 1번과 2번을 모두 충족하지 않을까요? 이런 사고가 고객을 향한 디테일을 발전시키는 출발이 될 수 있다고 생각합니다.

아카데미 힐스에서는 주로 고객 관점에서 갖는 공간 경험에 대해 살펴봤습니다. 멤버십으로 운영되는 비즈니스는 고객을 위해 어떤 점을 신경 써야 하는지, 고층 건물은 어떤 역할을 해야 하며, 아카데미 힐스에 있는 공간 포인트들이 이곳을 방문하는 고객에게 어떤 느낌을 주는지 말이죠. 지성인을 위한 학습 공간은 계속 많아질 것입니다. 지적 역량이 중요한 산업이 많아지고 있기 때문입니다. 근로자들이 생산적으로 아이디어를 창출할 수 있는 지적 공간을 기대해봅니다.

Tokyo

츠타야 티사이트, 무인양품

공공장소에서 ●

고객의 입장을 한 번 더 생각하는 츠타야 티사이트 ● ●

나는 무인양품입니다 ● ●

●●●●○ DAY 4

공공장소에서

Tokyo

표준에서 벗어나 고객을 향하여

도쿄의 길가에서 공중전화 부스를 발견했습니다. 일본도 다른 나라와 같이 휴대폰 보급률이 높아짐에 따라 공중전화 부스가 많이 줄어들긴 했지만, 여전히 중요한 사회적 인프라로 취급받고 있습니다. 공중전화 부스를 무심코 지나가다가 익숙지 않은 모습이 눈에 띄어 다시 돌아보았는데요. 이어서 공중전화 부스 안에 설치된 간이 의자를 발견했습니다.

전화를 하다 보면 의도치 않게 통화가 길어질 때가 있습니다. 일반적인 공중전화 부스에서는 계속 선 채로 전화를 받아야 하고, 지금까지 그게 당연해 보였습니다.

그 모습을 표준으로 생각하다 보니 공중전화 부스 안에 앉아 전화하는 모습은 상상하지 못했습니다. 이 작은 의자가 통화 중 다리가 아프면 앉을 수 있고, 반려동물이 있으면 잠시 목줄을 묶어둘 수 있는 용도로도 활용될 수 있다니. 또 한 번 일본의 디테일이 가진 힘을 깨닫게 되었습니다. 이렇듯 '앉는 공간'을 거리에 잘 활용한 예는 오모테산도에서도 볼 수 있었습니다. 이곳에는 별도의 벤치가 없습니다. 그 대신 사람들은 화단 옆에 있는 설치물에 앉아 휴식을 취했는데요.

이 설치물은 화단의 난간 역할을 하는 동시에 휴식을 취할 수 있는 의자 역할도 했습니다. 자전거를 묶어둔 채 볼일을 보러 가는 사람에게도 유용합니다. 봉과 봉 사이에 가로 형태의 봉을 별도로 설치해 자물쇠로 묶어둔 자전거를 가져갈 수 없게 만들었습니다. 관리와 청소도 비교적 쉬운 구조였는데요. 일반적인 벤치는 앉는 면적이 넓고 그 밑으로 쓰레기가 모이면서 청소가 필요한 영역이 늘어납니다. 하지만 이 설치물은 걸레로 봉을 한 번 닦아주면 청소가 끝나죠. 하나의 설치물을 여러 목적에 맞게 활용하면서도 도시의 미관을 해치지 않는 방법입니다.

울타리, 벤치, 자전거 주차장 등 사용자에 따라 쓰임새가 다양한 설치물 기능과 미감을 겸비했다.

또 다른 공공장소인 화장실에서도 디테일을 느낄 수 있었습니다. 손을 씻은 후 손을 말리려고 핸드 드라이어로 돌아서는 순간, 아이용 세면대를 발견했습니다.

아이 키에 맞게 디자인된 세면대를 설치해 아이들이 쉽게 손을 씻을 수 있도록 한 건데요. 수도꼭지뿐만 아니라 같이 이용하는 물비누까지 구성 전체를 '어린아이용' 사이즈로 만들었습니다. 단순히 높이가 낮은 세면대는 많이 봤지만, 비누까지 포함한 모든 기능이 갖춰진 초미니 세면대를 본 건 처음이었습니다. 주로 다섯, 여섯 살 정도의 어린 아이들이 초미니 세면대를 사용했습니다. 지금까지 아이들의 손을 씻기려면 보호자가 아이를 들어 올려 손을 씻겼습니다. 하지만 초미니 세면대 덕분에 이곳에서는 아이가 직

공중 화장실에 있는 아이용 세면대

접 손을 씻고, 보호자가 곁에서 그 모습을 지켜볼 수 있었습니다. 아이를 둔 보호자 입장에서는 이런 배려가 참 고마울 것 같았습니다.

이번 '사소한 디테일' 편에서 다룬 모습들은 표준이라고 생각했던 것에서 약간 벗어나 있었습니다. 생각해보면 고객을 향한 디테일은 일반적인, 즉 '표준'에서 벗어나 있는 경우가 많습니다. 한 끗 차이로 새로움을 가져온 사례가 대부분이죠. 새로운 제품을 만들거나 기획을 할 때, 기존에 있던 것을 참고할 수 있지만, 이를 필수 과정으로 볼 필요는 없습니다. 그것보다는 고객 관점에서 볼 때 어떤 점이 불편하고, 어떤 점이 더 편리하다고 느낄지 고민해보면 책에서 다룬 사례들처럼 반짝이는 아이디어가 나오리라 믿습니다.

●●●●○ DAY 4

고객의 입장을 한 번 더 생각하는 츠타야 티사이트

Tokyo

차분하고 평화로운 동네에 생긴 서점

아침 일찍 다이칸야마에 있는 츠타야 티사이트TSUTAYA T-SITE로 향했습니다. 티사이트는 이번 도쿄 여행에서 가장 가보고 싶은 곳이었는데, 주말에는 사람들이 몰려 제대로 구경하지 못한다는 이야기를 듣고 평일로 일정을 변경하면서까지 찾아간 장소이기도 합니다.

츠타야 티사이트는 츠타야 서점을 운영하는 컬처 컨비니언스 클럽CCC, Culture Convenience Club, 이하 CCC이 2012년 3월, 다이칸야마에 세운 복합 문화 공간입니다. 일본의 여러 번화가에서 쉽게 볼 수 있는 츠타야 서점은 비디오 대여 비즈니스로 시작해 2017년 9월 기준, 일본 전역에서 1400개 매장을 운영하며 연 2조 원의 매출을 거둔 일본 최대의 서점 프랜차이즈로 성장했습니다. 책이 아닌 라이프스타일을 판다는 철학으로 유명하고, 죽어가던 서점업을 화려하게 부활시킨 이력을 가지고 있죠. 덕분에 CCC가 만든 티사이트는 6년이라는 시간이 흘렀지만 아직까지도 많은 사람이 방문하고 있습니다.

일반적인 대형 서점이 역세권 혹은 교통이 편리한 곳에 있는 것과는 달리, 다이칸야마 츠타야 티사이트를 가기 위해서는 다이칸야마 지하철역에서 나와 15분 정도 걸어야 합니다. 나중에 들은 이야기지만, 다이칸야마 지역이 쇼핑 명소로 부상하면서 관광객이 몰린 것도 비교적 최근 일이라고 합니다. 2010년만 하더라도 이곳을 일부러 방문하는 사람은 많지 않았고, 다이칸야마는 그저 도쿄에 있는 한적한 동네에 불과했죠. 그래서 CCC가 다이칸야마에 티사이트를 오픈한다고 했을 때 많은 사람이 귀를 의심했다고 합니다. 아무것도 없는 곳에서 무슨 책 장사냐 싶었던 거죠. 하지만 CCC는 이런 의심을 기우로 만들었습니다. 츠타야는 티사이트를 통해 문화적인 힘을 끌어올려 집객력을 발휘했고, 사람들은 일부러 이곳을 찾기 시작했습니다.

오픈한 지 6년이 지났지만 여전히 트렌디한 느낌 가득한 티사이트

츠타야 매장 안에 있는 스타벅스 매장

ㅏ족 단위도 많이 찾는 티사이트 ©손현

저는 다이칸야마 티사이트까지 걸어가며 점점 이 동네에 젖어든다는 생각을 했습니다. 어딜 가도 사람이 붐비던 첫째, 둘째 날과 달리 한적한 동네 길을 걸으며 티사이트로 향하다 보니 어느덧 마음이 침착해지는 듯했습니다. 서점을 둘러보기에 적합한 '평화 모드'로 전환되는 순간이었습니다.

저의 과한 상상력일 수도 있겠지만, CCC도 이런 점을 기대한 게 아닐까 싶었습니다. 고객이 지하철역 출구에서 나오자마자 보이는 티사이트를 향해 걸어오는 동안 도시의 복잡함과 바쁨을 내려놓고, 문화를 즐기려는 자세로 준비되기를 말이죠. 저 역시 준비된 고객이 되어 다이칸야마 츠타야 티사이트를 둘러보며 여러 디테일을 살펴보았습니다.

다이칸야마역에서 츠타야 티사이트로 가는 길

바쁘게 움직이는 도시가 점점 한적해지는 모습을 보니 마음이 차분해졌다.

매대의 차이가 제안을 만든다

서점은 '제안력'이 필요합니다. 제안력은 다른 서점과 차별화할 수 있는 가장 강력한 무기입니다. 서점의 역할은 고객이 좋은 책을 발견할 수 있게 하는 것이고, 제안력은 서점의 성격과 타깃을 규정하게 됩니다. 서점이 제안력을 보여주는 가장 보편적인 방법은 매장 매대입니다. 서점 통로나 각 카테고리 주변에 설치된 매대는 수많은 책 중에서 어떤 책이 고객의 눈에 잘 띄도록 발견 가능성을 높이는 역할을 합니다. '이 도서는 광고 도서입니다.' 국내 대형 서점의 매대를 살펴보면 이런 안내 문구를 볼 수 있습니다. 매대의 대부분이 광고 도서로 채워집니다. 대형 서점의 메인 비즈니스 모델 중 하나죠. 그렇다 보니 서점에서 진정성을 가지고 추천을 해준다는 느낌을 받기 힘들 때가 많습니다. 베스트셀러가 매장마다 모두 같은 데다 간혹 큐레이션을 해주는 경우가 있다고 하더라도 광고 매대 속에 묻혀 있기 일쑤니까요. 대형 서점 매대의 책을 구매하기 망설여지는 이유입니다.

츠타야도 매대 광고를 운영하고 있습니다. 하지만 매대 광고라는 느낌이 강하게 나지 않습니다. 그 이유는 매대에서 '물건'이 아닌 '제안'을 팔기 때문입니다. 특정 출판사의 책을 판매하려 하기보다 책의 내용을 제안하기 위해 매대를 활용합니다. 츠타야를 만든 마스다 무네아키Masuda

Muneaki 사장이 사내 블로그를 통해 공유한 내용을 엮어 만든 책《지적자본론》68쪽을 보면 그들이 무엇을 판매하려는지 명확하게 알 수 있습니다. "고객에게 가치가 있는 것은 서적이라는 물건이 아니라 그 안에 풍부하게 들어 있는 제안이다. 따라서 그 서적에 쓰여 있는 제안을 판매해야 한다." 츠타야 광고 매대에는 맥락이 있습니다. 라이프 스타일을 제안하는 관점에서 책에 기반한 다른 무언가를 '엮는 매대'를 선보이죠. 요리 책을 광고할 때 단순히 책을 매대에 올려놓는 것이 아니라 어울리는 다른 요리 책을 엮기도 하고, 요리 도구나 요리 수강권을 엮어 매대를 선보입니다. 이런 제안을 통해 고객에게 매대는 '광고판'이 아니라 '콘텐츠'가 됩니다. 이 점이 국내 대형 서점과의 차이점이 아닐까요? 광고 매대를 줄이고 전문 인력을 투입해 애드프리AD-free 매대를 만들어보는 것도 좋은 실험이 될 수 있습니다. 영국 최대 체인 서점은 워터스톤즈가 그 사례입니다. 경기 불황과 온라인 서점의 성장으로 막대한 타격을 입던 워터스톤즈는 제임스 도운트James Daunt로 CEO가 바뀌면서 변화를 시작했습니다. 출판사에서 받던 마케팅 수입 의존도를 줄이고 직원 개인이 책을 선별 주문하며 매대에 올려놓을 수 있도록 했습니다. 덕분에 온라인 서점에서는 결코 볼 수 없는 워터스톤즈만의 큐레이션 콘텐츠가 만들어졌고 고객은 발길로 화답했습니다. 이 전략 덕분에 아마존 킨들 등장 이후 25% 가까이 급락했던 매출을 회복할 수 있었죠.* 서점에서는 '제안'이 제일 중요합니다. 그래야 독자는 책이라는 단순한 '종이 묶음'에서 의미를 발견해 구매해야겠다는 명분을 만들 수 있습니다. '엮는 매대'가 앞으로 더 필요한 이유이기도 합니다.

잡지, 밀봉하지 않습니다

일본을 방문할 때마다 서점이 눈에 띄면 대부분 들어가 봅니다. 그럴 때마다 가장 신기한 점은 매대에 있는 잡지를 바로 볼 수 있다는 사실입니다. 한국의 서점에 놓인 잡지들은 비닐로 밀봉되어 있어 잡지를 구매하려면 표지에 실린 내용을 보고 결정을 내려야 하는 게 현실입니다.

티사이트 역시 일본의 여느 서점과 같이 모든 잡지를 펼쳐 볼 수 있었습니다. 진열된 책을 보는 방식과 동일하게 독자들은 누구나 편하게 잡지를 집어 들어 어떤 내용인지 살펴보기도 하고, 비어 있는 자리로 가서 읽기도 했습니다.

이를 보고 느낀 점은 크게 두 가지였습니다. 첫 번째는 한국의 서점과 잡지업계가 잡지라는 카테고리를 '일회성 짙은 출판물'로 보지는 않나 하는 생각이었습니다. 밀봉은 훼손 위험을 줄이려는 노력이기도 하지만 내용을 보지 못

---

* 관련 기사: 책 권하는 빽빽한 손글씨의 감동…英 서점 '아날로그 큐레이션'의 힘 (서울경제, 2017.7.7)

하게 하겠다는 의도로도 읽힐 수 있습니다. 다시 말해, 현장을 찾은 독자들이 그 자리에서 잡지를 다 읽고 가버리는 것을 걱정했다고도 할 수 있겠죠. 잡지를 영속적인 콘텐츠가 아닌, 휘발성 콘텐츠라고 스스로 인정하는 것처럼 보여 안타까웠습니다. 한 번 봤더라도 간직하고 싶게 만들면 되지 않을까 하는 생각도 들었고요.

두 번째는 한국 출판 시장에서 잡지가 '부가적인 것'으로 여겨진다는 생각이었습니다. 티사이트에서 잡지는 각 동의 중심, 그러니까 메인 스트리트에 있습니다. 지나다니는 사람이 제일 많은 곳에 잡지 매대가 있는 셈이죠. 우리나라 서점 같으면 베스트셀러 매대가 세워졌겠지만, 이곳에서는

서점의 메인 스트리트에 위치한 잡지 매대 잡지는 밀봉되어 있지 않다.

잡지가 그 자리를 차지하고 있습니다. 물론 일본의 잡지 시장이 발달한 이유도 있겠지만, 카테고리별로 최신 정보가 빠르게 업데이트되는 잡지를 홀대하지 않는 서점과 고객, 양측 모두에 깊은 감동을 받았습니다.

한번은 '왜 북 카페는 많이 있는데, 잡지를 다루는 매거진 카페는 많이 없을까' 생각한 적이 있습니다. 사실 공급자 입장에서는 고민이 많이 되는 부분입니다. 매거진 카페를 운영하는 사업자 입장에서는 잡지를 최신호로 계속 업데이트해야 하는 이슈가 있기 때문이죠. 이에 반해 북 카페는 몇 년이 지난 오래된 책이 꽂혀 있어도 어색하지 않은 공간입니다. 북 카페가 잡지보다 책을 선호하는 이유입니다. 하지만 이제 북 카페는 너무 많아졌고, 기획력을 갖춘 독립서점들이 생겨나면서 새로운 콘셉트를 다루는 카페가 필요해졌습니다.

만약 출판물과 관련된 카페를 오픈할 계획이 있다면, 이미 포화 상태인 북 카페보다 매거진 카페를 차려보는 건 어떨까요? 해당 카테고리를 대표하는 잡지 한두 개씩만 비치해도 최신 콘텐츠로 핫한 공간을 만들 수 있지 않을까 싶습니다. 또는 몇 년이 지나도 읽을 거리가 여전히 풍성한 잡지들로 공간을 구성해보는 콘셉트도 좋겠습니다. 여러 카테고리를 동시에 다루는 일의 범위가 너무 넓다면, 카테고리를 좁혀 전문성을 높이는 방법을 택할 수도 있습니다.

책 바구니에서 느껴지는 세심한 배려

티사이트는 총 세 개 동으로 구성되어 있습니다. 각 동에서 다루는 카테고리는 각각 다릅니다. A동이 예술과 미술 분야를 다루고 있다면 B동은 비즈니스, 경영, 트렌드 분야를 다루는 식입니다. 티사이트의 각 동을 살펴보며 제 눈에 띄었던 건 다름 아닌 '책 바구니'였습니다. 서점을 둘러보며 마음에 드는 책을 바구니에 담을 수 있도록 한 배려였습니다. 여기까지는 한국 서점과 크게 다를 바 없다고 생각했지만 바구니를 든 순간 다름을 느꼈습니다.

두툼한 쿠션이 책 바구니마다 깔려 있었기 때문입니다. 한국에서도 쇼핑 바구니는 많지만 쿠션이 깔린 바구니는 보지 못했습니다. 특히 서점에서는 더욱 그렇습니다. 바구니가 있다고 하더라도 마트에 있는 장바구니와 다르지 않았죠. 심지어는 책 바구니가 아예 없는 서점도 많았습니다.

곰곰이 생각해보았습니다. '왜 츠타야는 책 바구니에 쿠션을 깔았을까?' 우선, 고객이 집어 든 책을 사든 사지 않든 '책은 정말 소중하다'는 기본 명제가 적용된 장치라는 생각이 들었습니다. 쿠션이 없는 바구니에 책을 담을 경우, 큰 마찰은 아닐지라도 마찰에 의해 훼손되기 마련입니다. 쿠션은 이를 막아주는 역할을 합니다. 그들이 책을 어떻게 생각하는지 잘 보여주는 대목입니다. 책을 상품이 아닌 작품으로 생각하는 것이죠. 책을 대하는 츠타야의 태도가 단

책 바구니에 책을 담은 모습 푹신한 쿠션이 책을 보호해준다.

적으로 드러나는 부분이 아닐까 싶었습니다. 또 다른 생각을 불러온 건 '판매가 끝이 아니다'라는 그들의 태도였습니다. 고객이 바구니에 어떤 책을 담았다는 건 그 책을 구매할 확률이 높다는 의미입니다. 아마 실제로도 절반 이상의 고객이 책 바구니에 담은 책을 계산대로 가져갈 것입니다. 서점 입장에서 냉정하게 말하면, 책 바구니에 담긴 책은 더는 신경 써야 할 대상이 아닙니다. 이미 판매될 확률이 높은 책이기 때문에 바구니 안에서 책 상태가 어떻게 되든 별 상관이 없는 거죠.

츠타야는 집에 돌아간 고객이 구매한 책을 다시 펼쳐볼 모습까지 고려한 것처럼 보였습니다. 카운터에서 책을 계산할 때 고객 대부분은 책 상태를 세심하게 볼 수 없습니다. 책 바구니에 담을 때 약간 훼손이 되더라도 집에 가서야 확인하게 되는 셈이죠. 집에서 확인했을 때 표지에 스크래치가 나 있거나 더럽혀져 있다면 어떤 느낌일까요? 아마 책을 읽기 전부터 좋지 않은 기분이 들 것입니다. 츠타야라면 여기까지 고려했을 것 같습니다.

밖에서 들었을 때 책 바구니 모습

책 바구니로 놀란 경험은 어린이 책 코너에서도 이어졌습니다. 어린이가 읽을 법한 책들이 많은 섹션의 책 바구니는 앙증맞게도 어린이 신체 사이즈에 맞춰져 있었습니다. 사이즈가 전체적으로 작고 손잡이에서 바구니 망까지의 길이도 성인용 책 바구니보다 짧은 편이었습니다. 아이들이 책 바구니를 직접 들고 다니면서 보고 싶은 책을 담아 보는 경험을 할 수 있도록 만든 거죠.

실제로 많은 아이가 직접 책 바구니를 들고 책을 고르고 있었습니다. 분명 이런 경험들이 쌓이면 그들이 성장한 뒤 자연스럽게 츠타야의 성인 고객이 되겠다는 생각이 들었습니다. 비록 사이즈는 달라졌지만 츠타야의 책 바구니는 그대로 든 채로 말이죠. 어린 시절의 경험은 성인이 된 후에도 그대로 이어집니다. 이 때문에 어린 사용자를 잡으려는 온·오프라인 사업자가 늘어나는 추세입니다. 예를 들면, 오늘날의 네이버는 2000년대 초반 쥬니어네이버를 통해 어린이 사용자를 모았고, 어린이 사용자들이 그때 만들었던 네이버 계정을 각종 온라인 활동의 주 계정으로 사용하면서 다 큰 성인이 된 후에도 네이버를 찾는 계기가 되었습니다.

어린이 고객이 성인이 되어서도 해당 서비스를 자연스럽게 사용하는 흐름을 만드는 일이 온·오프라인 모두 중요해졌습니다. 미디어의 발달과 정보에 대한 접근성이 높아지면서, 과거와 비교하면 좀 더 어린 시절에 취향이 정해지는 경우가 많아졌습니다. 어른 사용자는 이미 놓쳐버린 타깃일 수 있다는 의미입니다.

책을 좋아하는 어린이가 직접 책 바구니를 들고 책을 골라 보게 하는 경험(서점), 요리에 관심 있는 어린이가 직접 장을 보는 경험(마트), 뷰티에 관심 있는 어린이가 직접 뷰티용품을 구매하는 경험(코스메틱) 등을 오프라인에서 만들어보면 어떨까요? 이제는 흔해진 십대용 화장품은 몇 년 전만 해도 상상할 수 없었습니다. 하지만 지금은 화장품업계 모두가 챙기고 있는 카테고리 중 하나로 성장했습니다. 아직은 십대를 위한 새로운 제품이나 서비스가 흔하지 않더라도 몇 년 안에 완전히 달라질 수 있다고 봅니다.

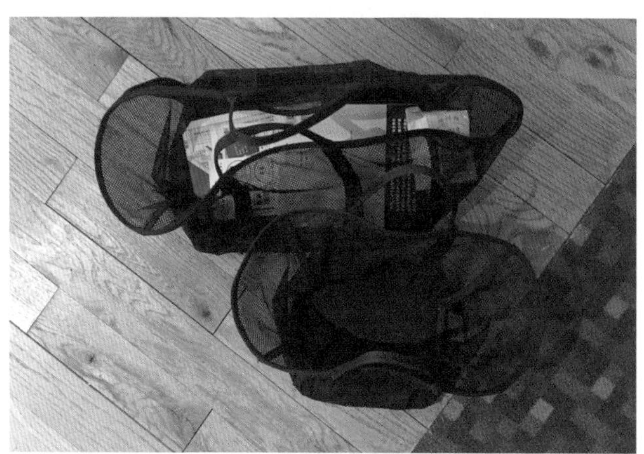

티사이트의 어린이용 책 바구니

에스컬레이터에도 묻어나는 디테일

티사이트 각 동은 모두 2~3층으로 구성되어 있습니다. 1층에서 2층으로 올라가려면 에스컬레이터를 이용해야 합니다. 저 역시도 에스컬레이터를 타고 2층으로 이동했는데요. 이때 재미있는 것을 발견했습니다.

에스컬레이터를 타기 전에 이동하려는 위층의 카테고리를 에스컬레이터에 쓰여 있는 글자로 확인할 수 있다는 점이었습니다. 이 글자만 보고도 위층의 카테고리가 영화MOVIE라는 사실을 직관적으로 알 수 있었습니다. 남는 공간에 위층 카테고리 이름을 적으면서 에스컬레이터를 타고 이동하는 고객이 미리 정보를 인지할 수 있도록 해주는 고마운 장치였습니다.

백화점에서 에스컬레이터를 타면 누구나 한 번쯤 위아래층이 어떤 카테고리를 다루는지 알아보기 위해 층별 안내도 근처를 기웃거린 경험이 있을 겁니다. 또는 위층과 아래층의 정보를 직원에게 물어보는 경우도 심심치 않게 볼 수 있습니다. 매번 겪는 불편인데도 아직 바뀌지 않는 패턴입니다. 티사이트에 있는 에스컬레이터 텍스트를 보며 이동 수단이 지니는 기본 역할에서 나아가 아래층에서 위층으로 올라가는 고객이 무슨 고민을 하는지, 어떤 점을 불편하게 여기는지를 잘 파악해 적용했다는 생각이 들었습니다.

백화점 또는 쇼핑몰에서 근무한다면 이 아이디어를 한번 적용해보는 건 어떨까요? "위층에는 뭐가 있어요?"라고 묻는 질문과 에스컬레이터 탑승 부근에서 두리번거리는 고객을 조금은 줄일 수 있지 않을까 싶습니다.

츠타야가 영화를 큐레이션해주는 방법

많은 사람이 츠타야의 매력으로 '제안의 힘'을 언급합니다. 좋은 책부터 라이프스타일 제안까지, 그들은 제안의 힘으로 고객을 유인하고 있습니다. 비디오&DVD 섹션에서도 마찬가지였습니다. 다양한 큐레이션으로 비디오&DVD를 제안해주고 있었는데요. 큐레이션 방식이 재미있어 기록해두었습니다.

우선 컨시어지 추천 섹션에 눈길이 끌렸습니다. 츠타야 영화 섹션에서 일하는 사람은 단순 직원이 아닌 영화 분야를 잘 알고 익힌 사람들입니다. 수십 년 동안 비디오 판매점에서 일한 직원부터 넷플릭스 오리지널 영화에 푹 빠진 젊은 직원까지 다양한 사람들이 있죠. 이곳에서는 이들을 '컨시어지'라고 부릅니다.

영화 섹션에서는 컨시어지가 자신의 사진과 소개를 걸어두고 추천하는 영화를 볼 수 있습니다. 사실 자신의 사진과 이름을 걸어두는 행위는 웬만한 사명감을 가지지 않고서는 쉽지 않은 일입니다. 그렇기에 고객 입장에서도 그들이 추천한 콘텐츠에 신뢰를 느끼는 것이죠. 아무런 제안이 없었다면 쳐다보지 않았을 영화를 이들의 선택과 제안으로 고르게 되는 겁니다.

컨시어지가 추천하는 영화 섹션

고전 영화 중 다시 볼 만한 영화를 제안하는 섹션

영화 하이라이트 부분을 보여주는 디스플레이

재평가를 받는 명작 영화 섹션도 기억에 남습니다. 비디오나 영화 콘텐츠는 워낙 최신 트렌드가 빠르게 반영되다 보니 오래된 콘텐츠는 그야말로 올드한 것으로 취급받기 쉽습니다. 개봉하거나 출시 이후 1년 안에 거둬들이는 수익이 영화 콘텐츠의 전부라는 말이 있을 정도니까요.

하지만 츠타야는 고전 콘텐츠에 주목했고 먼지가 쌓여 있을 법한 영화들을 다시 꺼내 들었습니다. 이는 죽어가던 콘텐츠에 숨을 불어넣는 과정과도 같습니다. 그렇게 다시 한번 사람들의 기억에서 멀어진 고전이 오늘 누군가의 시간에 재등장하는 거죠.

여러분이라면 무엇을 제안할 것 같나요? 업태가 겹치고 다루는 품목이 많아지다 보니 더 이상 단순 진열은 의미가 없어졌습니다. 그보다는 어떻게 제안할 수 있을지, 선택에 어떤 의미를 부여할 수 있는지 생각해보는 일이 더 중요합니다. 이 상품 혹은 콘텐츠를 사야 하는 '의미'를 만드는 일은 생각보다 어렵지 않습니다.

노트 내지는 재질과 색이 전부 같아야 할까?

티사이트는 복합 문화 공간을 지향하는 만큼 다양한 브랜드의 문구도 입점해 있습니다. 제가 방문했을 때 역시 동마다 다양한 굿즈와 문구류가 진열되어 고객을 맞이하고 있었는데요. 둘러보다가 기발한 아이디어가 깃든 노트를 발견했습니다. 페이지마다 재질과 색이 전부 다른 노트였습니다. 이런 기획을 한 시키이하 SIKI는 종이 본연의 색상과 재질에 집중하는 브랜드라고 합니다. 우리가 노트를 쓸 때 한 가지 색상과 재질로 구성된 노트만 써야 하는지 질문을 던진 브랜드입니다.

노트를 펼쳐보면 페이지마다 재질과 색이 모두 다릅니다. 노트마다 콘셉트도 있습니다. 바다색과 파란색을 담고 있는 노트는 비치BEACH라고 부릅니다. 분홍과 관련된 색깔로 변주variation된 노트는 블로섬BLOSSOM이라는 이름을 붙였습니다. 이처럼 SIKI는 콘셉트마다 다른 색상, 다른 재질로 구성된 노트를 선보였습니다.

물론 이렇게 콘셉트에 맞춰 제작하다 보니 노트 단가가 올라가서 가격은 높은 편입니다. 하지만 저는 이런 실험 정신이 좋았습니다. 당연하게 생각하는 것에 의문을 던지고 다른 무언가를 직접 만들어본 시도이기 때문입니다. SIKI는 노트뿐만 아니라 데일리 캘린더도 판매하고 있었습니다. 매일 한 장씩 뜯으면서 사용하는 캘린더는 날마다 전부 다른 색상과 재질로 구성되어 있습니다. 하루가 지나갈 때마다 새로운 날짜와 종이를 만난다는 생각에 일반 캘린더를 사용할 때보다는 매일 조금 더 설레지 않을까 싶습니다.

내지의 재질과 컬러가 전부 다른 SIKI 노트

노트별로 어떤 종이와 색상이 들어갔는지 한눈에 보여주는 판

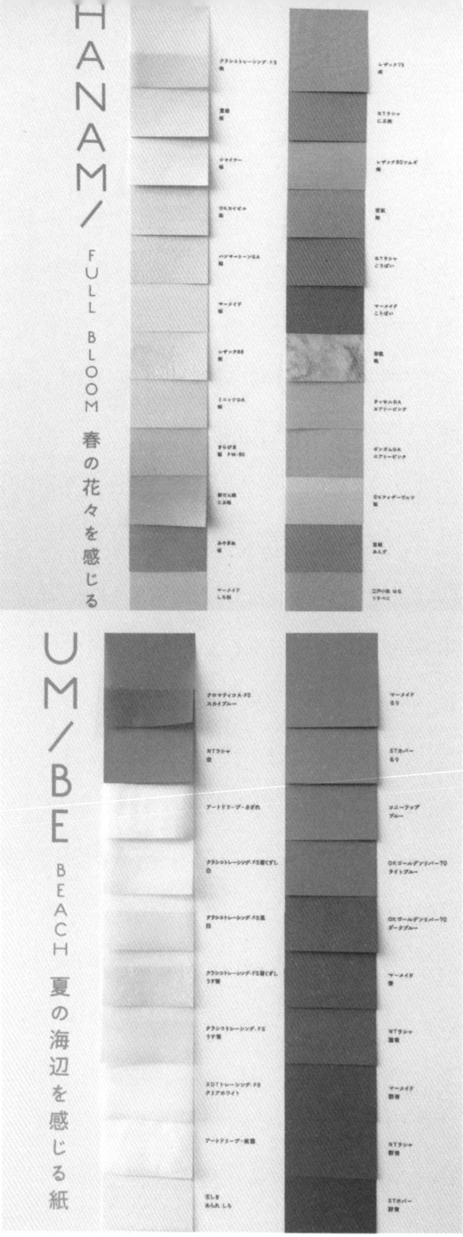

여성 고객에게 큰 인기를 끈다는 블로섬BLOSSOM 콘셉트 노트(위)
개인적으로 가장 좋았던 비치BEACH 콘셉트 노트 속지(아래)

츠타야가 여행사도 운영하는 이유

츠타야는 사업의 시초였던 비디오 대여부터 책, 음반 레코드까지 오프라인 매장을 통해 판매하고 있습니다. 그런데 이번에 방문한 츠타야 서점에서 그들이 취급하는 새로운 카테고리를 알게 되었는데요. 바로 티트래블T-Travel이라고 불리는 여행사였습니다.

서점이 왜 여행사를 운영할까요? 그들의 철학을 살펴보면 조금이나마 힌트를 얻을 수 있습니다. 츠타야는 '라이프스타일'을 판매하는 것을 지향합니다. 그렇기에 여행서 옆에 아예 여행 서비스를 제공하는 여행사를 운영하고 있었죠. 티트래블에서 일하는 직원들은 여행 고수입니다. 100여 개 나라를 다닌 사람도 있고, 20권 이상의 가이드북을 출간한 여행 저널리스트도 있다고 합니다. 티트래블의 직원은 단순히 여행과 관련된 행정 업무를 해주는 것이 아니라, 여행 이야기를 나누며 자신들의 경험을 나누는 일을 하는 것이죠. 이런 서비스는 기존의 츠타야 방식에서 한발 더 나아갔다고 볼 수 있습니다. 단순히 라이프스타일 상품을 판매하는 것이 아니라, 컨시어지 서비스를 제공하며 라이프스타일을 제안하고 서비스하는 단계로 발전했기 때문입니다. 이처럼 상품으로 라이프스타일을 제안하는 일에서 더 나아가, 서비스로 라이프스타일을 제안해보는 것은 어떨까요? 예컨대 다이어리를 판매하는 문구점에서는 '다이어리를 계획적으로 잘 쓰는 법'을 서비스로 제공해볼 수 있습니다. 신발 매장에서는 '이 신발을 신고 제대로 걷는 법'을 가르쳐주거나 '신발 세탁법'과 같은 서비스도 제공해 보면 재미있겠죠. 책을 판매하는 서점이라면 '기억에 오래 남는 독서법'을 알려줄 수 있고, 텀블러를 판매한다면 '텀블러 세척법'이나 '오래 사용하는 법'을 들려줄 수도 있습니다. 츠타야 티사이트를 둘러보며, 앞으로의 비즈니스는 '상품' 제안에서 상품에 맞는 사람을 연결해주는 '서비스' 제안으로 바뀔 것이라는 생각이 들었습니다. 우리도 무언가를 제안하는 비즈니스를 할 때 이 점에 더 주목해야 하지 않을까요?

츠타야가 운영하는 여행 서비스 티트래블

●●●●○ DAY 4

나는 무인양품입니다

Tokyo

이제는 서울에서도 흔하게 볼 수 있는 무인양품無印良品MUJI. 과연 그곳에서 또 새롭게 발견할 무언가가 있을까 하는 마음으로 무인양품을 찾았습니다.

제가 찾아간 곳은 도쿄 긴자 유라쿠초점이었습니다. 이곳은 지난 2015년 9월에 리뉴얼했습니다. 무인양품 플래그십 스토어 중 하나로 전 세계 무인양품 매장 가운데 규모가 가장 큰 곳으로 알려져 있습니다. 그만큼 무인양품이 담고 있는 모든 것을 총망라해 보여주는 곳이자, 한발 앞서 새로운 실험을 해보며 소비자 반응을 체크하는 테스트 베드test bed, 즉 시험무대 매장이기도 합니다.

닛케이트렌디넷은 유라쿠초점 리뉴얼을 두고 "재개장의 가장 큰 테마는 책과 잡화가 융합한 매장"이라고 말했습니다. 잡화가 주력 상품이던 무인양품은 2015년 '책'에 주목했습니다. 무인양품이라는 브랜드와 그들이 가진 제품 철학을 소비자에게 어필하면서 잡화를 사용하는 방법을 더욱 적극적으로 제안하기 위해서였습니다. 주방 도구 옆에 요리책을 배치하여 '주방 도구와 함께 이런 요리를 만들어보는 건 어떠세요'라며 제안하기도 하고, 여행용품 옆에 여행책을 배치해 새로운 여행을 제안하기도 합니다. 더 깊고 풍성한 연결성을 갖고 콘텐츠를 제안하기에는 책만 한 것이 없습니다.

그렇게 무인양품은 매장 안에 숍인숍shop in shop 개념으로 무지 북스MUJI Books를 운영합니다. 지금은 일본의 무인양품 플래그십 스토어 곳곳에서 흔히 볼 수 있는 무지 북스를 처음 선보인 곳이 바로 무인양품 유라쿠초점*입니다. 그만큼 이 매장은 '가장 앞선 무인양품'을 만날 수 있는 곳이기도 합니다. 저는 이곳에서 무인양품의 새로운 변화를 발견했습니다. 그 속에서 고객의 라이프스타일 변화에 발 빠르게 대처하는 무인양품의 모습을 전달하고자 합니다.

---

* 2019년 4월, 무인양품 유라쿠초점이 긴자점으로 이전할 예정이다. 저자 생각노트가 유라쿠초점에 방문한 시기는 2017년 12월 5일이다.

무인양품표 청과 매장

유라쿠초점에 들어서면 가장 먼저 보이는 것은 무엇일까요. 무인양품이 자랑하는 잡화도 의류도 아닌, 바로 '청과' 코너입니다. 무인양품에서 채소와 과일을 팔다니, 저는 처음 보는 광경이었습니다. 그리고 무인양품이 제안하는 신선 식품이라는 사실에 끌려 '뭔가는 다르겠지' 하는 마음으로 찬찬히 살펴봤습니다.

무인양품은 2017년 7월부터 유라쿠초점에서 청과 매장을 최초로 운영하기 시작했습니다. 무인양품답게 이곳에 있는 농산물은 일반적이지 않습니다. 이곳에 들어오는 모든 농산물은 화학비료와 살충제를 사용하지 않거나 저농약으로 재배한 것으로, 무인양품이 직접 매입해 산지 직송으로 가져옵니다. 주로 제철 농산물 중심으로 상품군을 꾸리고 있으며, 도쿄의 전통 채소와 같은 진귀한 상품도 판매하고 있습니다. 그뿐만이 아닙니다. 판매하는 채소와 과일에 잘 어울리는 조미료, 과자, 식료품 등 약 300종의 아이템도 함께 판매하고 있습니다.

의미 있어 보인 점은 '생산자의 스토리 전달'에 집중한다는 것이었습니다. 청과 매장에서는 지금 소비자가 마주한 농산물을 생산자가 어떤 과정을 거쳐 재배했는지 영상으

무인양품 청과 매장 모습 2017년 7월부터 유라쿠초점에서 청과 매장을 최초로 운영하기 시작했다. 상품뿐 아니라 상품을 생산한 사람과 배경, 과정을 소비자에게 영상으로 전달하는 디스플레이가 눈에 띈다. 디스플레이 영상은 유튜브 채널(MUJIglobal)에서도 볼 수 있다.

무인양품이 직접 산지 직송으로 가져오는 농산물

로 보여주며, 생산자가 직접 추천하는 요리법을 POP* 광고로 알려주기도 합니다. '그냥 당근'이 아니라 '어디서 어떻게 재배되었는지 알고, 이런 방법으로 요리해 먹으면 더 맛있는 당근'이 되는 거죠. 단순한 상품이 아니라, 시골에 있는 농부가 직접 알려주는 듯한 느낌이 듭니다.

청과 매장 곳곳에서는 영상이 흘러나오고 있었습니다. 각각의 농산물이 지닌 스토리와 맥락을 담은 영상들은 생산자 인터뷰와 생산지의 모습을 전달하면서 고객이 마주한 농산물을 풍부하게 설명해주고 있었죠.

이를 보며 한국의 마트에서도 채소와 과일마다 '생산자의 이야기'를 알려주는 영상 디스플레이가 있으면 좋겠다는 생각이 들었습니다. 영상이 가장 실제적인 느낌이 있지만, 공수가 많이 든다면 사진으로라도 POP 알림판을 만들어볼 수 있을 것 같습니다.

참고할 만한 국내 사례도 있습니다. 2018년 7월 기준, 조합원 1221명이 모여 만든 완주로컬푸드협동조합이 대표적입니다. 이곳은 완주 지역에 거주하고 있는 농민들이 모여 만든 협동조합으로, 직매장 여섯 군데를 운영하고 있습니다. 2017년 한 해에만 300억 원의 매출을 기록하고 지금까지 누적 매출 1000억을 넘어선 일명 '잘나가는 협

* Point of Purchase advertisement. 매장에서 고객에게 전달하고자 하는 내용을 보여주기 위한 광고 형식.

동조합'입니다. 완주로컬푸드협동조합의 특징은 모든 농산물마다 생산자의 이름과 연락처가 바코드와 함께 찍혀 있다는 것입니다. 또 생산자의 사진으로 만든 POP 알림판도 있으며, 재배 과정을 알려주는 안내판도 있습니다. 게다가 농산물 배송과 상품 진열도 생산자가 직접 합니다. 당연히 상품은 산지 직송일 수밖에 없고 생산자와 고객은 매장에서 자연스럽게 만나게 됩니다. 그러면서 고객에게 해당 농산물이 어떻게 재배되었는지, 또 어떻게 요리하면 맛있는지 등 정보를 직접 이야기해줍니다. 고객도 생산자를 직접 마주하고 이야기를 나누다 보니 더욱 신뢰하게 되며, 이는 구매로 이어집니다.

고객은 기본적으로 자신이 구매할 상품에 대해 궁금해합니다. '어떻게 만들어졌을까, 믿을 만한 것일까, 어떻게 활용하면 좋을까'와 같은 질문들이 대표적입니다. 이러한 질문에 대한 답을 하나의 '스토리'로 보여줄 때 상품에 담긴 정성과 진정성을 느끼는 게 아닐까 싶습니다.

무인양품은 왜 채소를 팔기 시작했을까?

청과 매장을 둘러보며 든 또 다른 생각은 '왜 무인양품은 농산물과 식품에 주목했을까'였습니다. 식품 코너는 마트가 아닌 이상 공수가 상상 이상으로 많이 들어갑니다. 수요 예측을 면밀히 하지 않고서는 상품을 신선하게 유지하기가 힘들죠. 그런데도 무인양품은 잡화, 책을 넘어 이제는 '식품' 카테고리를 공략하기 시작했습니다. 여러 가지 관점에서 생각해볼 수 있겠지만, 우선은 '라이프스타일을 제안한다'는 무인양품의 철학에서 힌트를 찾을 수 있습니다. 무인양품은 지금까지 굉장히 조심스러운 행보를 보여왔습니다. 잡화에서 더 나아가 무지 북스(서점), 무지 호텔(숙박)과 같이 잡화 이외의 카테고리로 확장한 것이 최근 2~3년

무인양품이 오픈한 숍 인 숍 형태의 서점 무지 북스

안에 벌어진 일입니다. 그전까지는 계속 잡화에 머물러 있으면서 카테고리 확장에는 조심스러운 모습을 보였죠.

그러던 무인양품이 카테고리 확장을 적극적으로 시도한 이유는 '종합적인 라이프스타일을 큐레이션하는 기업'으로 성장하고 싶기 때문입니다. 의식주로 대표되는 기본적인 라이프스타일 중 무인양품은 '의'와 '주' 분야에서는 의류와 잡화, 인테리어 제품으로 제안을 하고 있으나 '식' 분야에서는 아직까지 마땅한 제안 영역이 없었죠. 고객 역시 세 개 영역으로 구성된 기본 라이프스타일 중 '식' 분야에서는 무인양품의 제안을 받지 못하는 상황이었습니다. 그래서인지 무인양품은 가정 간편식을 대량으로 출시하고 있으며, 일본 도시 곳곳에 카페 앤 밀 무지Cafe & Meal MUJI를 오픈해 음료와 함께 식사를 판매하고 있습니다.

유라쿠초점에서는 빵을 판매하는 동시에 청과 매장에서 파는 채소를 활용한 수제 채소 수프도 판매하고 있습니다. 이 모든 행보가 '식' 분야의 라이프스타일을 제안하기 위함입니다. 농산물은 식생활에서 기본이 되는 재료이다 보니 이러한 도전이 필요했던 것입니다. 무인양품이 '오프라인 리테일러'라는 지점에 대해서도 생각해볼 수 있습니다. 무인양품의 오프라인 의존도는 매우 높습니다. 오프라인 공간에서 매장을 운영하고 고객에게 상품을 선보입니다. 이 말은 무인양품의 최대 장점이 오프라인 공간에 있다는 의

무인양품에서 선보인 카페 겸 식당, 카페 앤 밀 무지

공식 홈페이지에 기재된 메뉴 3 Deli Set와 버터 치킨 커리 사진. 수십 가지 반찬 중 서너 가지를 골라 담는 방식이다. 반찬은 주기적으로 바뀐다. 청과 매장에서 판매하는 제철 농산물을 활용해 반찬을 만들기도 한다. ©Cafe & Meal MUJI

미이기도 합니다. 그렇다면 무인양품은 온라인보다 오프라인에서 확실히 더 잘할 수 있는 것을 찾지 않았을까요? 그것이 바로 농산물 판매입니다. 이는 아마존Amazon이 유기농 식품업체 홀푸드Whole Foods를 인수한 것과 같은 이치입니다. 어떻게 해도 식품 분야는 온라인보다 오프라인이 강점을 가질 수밖에 없으니, 오프라인 매장을 인수하는 방향으로 온·오프라인을 연결하려고 했던 것입니다. 만약 온라인에서 계속 강점을 가질 수 있었다면 홀푸드를 인수하지 않고 온라인에서 판매와 배송을 했을 겁니다. 현재 아마존에 있는 다른 상품들처럼 말이죠.

만약 오프라인에서 무언가 준비해볼 계획이라면 무인양품 청과 매장처럼 온라인보다 오프라인이 강한 우위를 점할 수 있는 아이템이 무엇일지 먼저 생각해본다면 좋겠습니다. 온라인에서 상품 구성이나 유통 인프라가 정말 잘 갖춰져 있다고 해도 고객의 발걸음을 오프라인 매장으로 유도할 법한 무언가를 말이죠.

무인양품이 하면 주거 공간도 달라진다

무인양품 매장에 가면 수많은 인테리어 소품이 시선을 사로잡습니다. 침대, 매트리스, 소파, 책상 같은 가구부터 이불, 베개, 쿠션 등 패브릭 제품 그리고 주방 및 생활 용품에 이르기까지 집 안에서 필요한 대부분의 인테리어 제품을 선보이고 있습니다.

유라쿠초점에서 인테리어 제품의 단순 판매를 넘어 이를 종합해 새로운 형태의 주거 공간을 제안하는 무지 인필 제로MUJI INFILL 0라는 서비스를 발견했습니다. 무지 인필 제로는 리노베이션* 주택을 판매하는 서비스입니다. 주택을 새로 짓는 것이 아니라, 노후화된 건물을 고쳐서 새로운 주택을 만들고 이를 고객에게 판매하는 방식입니다.

과정은 이렇습니다. 노후화된 주택이나 맨션을 무인양품이 사들인 뒤 해당 공간의 인필INFILL, 인테리어와 설비을 모두 제거하고 주택 상태를 확인합니다. 이후 보강이 필요한 부분에 대한 공사를 진행하고 최소한의 주거 기능만 추가한 뒤, 마무리 설비 과정을 거칩니다. 이렇게 노후화된 주택은 완전히 다른 모습, 즉 제로 베이스 위에서 새로운 주택으로 탄생하죠. 그리고 주택 내부는 무인양품 인테리어 제품을 활용해 장식합니다.

---

* 기존 건축물을 개·보수해 사용하는 것으로, 오래된 건축물에 재투자해 부동산 가치를 극대화하는 방법을 가리킨다.

영상 〈무인양품 : MUJI INFILL 0〉 중 TC 00:22~00:26

Tokyo

무인양품은 리노베이션 주택에 들어갈 입주자를 모집합니다. 건물을 새로 짓는 과정이 없고 꼭 필요한 설비만 넣었기에 같은 입지 조건의 신축 건물보다 가격이 훨씬 저렴하게 책정되었습니다. 또 리노베이션 건물이지만 몇십 년을 더 사용해도 끄떡없을 정도로 골격과 보강 공사를 했기에 안전성과 편의성 부분에서 신축 건물이나 다를 바 없었습니다. 이런 이유로 무지 인필 제로는 완판 행렬을 이어가고 있습니다.

무지 인필 제로에 입주하는 방법은 두 가지입니다. 자신의 오래된 집을 무지 인필 제로 프로젝트를 통해 리노베이션하거나, 현재 무지 인필 제로가 리노베이션하고 있는 여러 주택 중에서 하나를 선택하는 것입니다.

무지 인필 제로 프로젝트를 보며 재활용에 집중했던 무인양품의 브랜드 철학이 주거 공간까지 이어지고 있다는 생각이 들었습니다. 무인양품은 고객이 어떤 점을 고민하는지 찾고 이를 해결해줄 수 있는 새로운 비즈니스를 선보였습니다. 주택 수요자 입장에서는 집값이 저렴한 곳을 찾으면서도 오래된 건물은 꺼리는 마음도 있기 때문입니다. 오래된 주택은 인테리어나 자재의 노후화와 더불어 시설 안전성 측면에서도 염려되는 부분이 있기 마련입니다. 하지만 무인양품이라는 브랜드가 안전성과 편의성을 담보하며 리노베이션했기에 주택 수요자의 걱정은 사라지게 되었습니다. 또 고객 중에는 다양한 무인양품 인테리어 제품으로 어떤 인테리어를 할 수 있을지 궁금해하는 사람이 많습니다. 그래서인지 'MUJI interior'라고 검색하면 무인양품 제품으로 인테리어하는 방법에 대한 글이나 이미지가 꽤 많이 나옵니다. 지금 당장 주택을 사려는 사람이 아니더라도 무인양품 제품을 활용한 다양한 인테리어를 볼 수 있게 함으로써 잠재 고객의 관심을 끌어당긴 것이죠.

무인양품은 이를 놓치지 않고 리노베이션이 완료된 주택의 가구와 생활용품 등을 무인양품 인테리어 제품으로 채운 이미지를 촬영해 올렸습니다. 이쯤 되면 무인양품이 인테리어 컨설팅 서비스를 시작했다는 사실이 그다지 어색하지 않습니다. 리노베이션된 집을 판매하고 일반 집에서도 무인양품 제품을 이용해 인테리어할 수 있도록 상담해주는 서비스죠.

무지하우스 공식 인스타그램 피드(2018년 10월 30일 스냅샷) ©mujihouse/Instagram

무인양품에서 인테리어 컨설팅을 받고 있는 고객

제가 무인양품 유라쿠초점에 방문했을 때도 한 부부가 컨설팅을 받고 있었습니다. 고객이 스스로 인테리어 정보를 구하러 다닐 필요 없이 이 상담을 통해 인테리어 컨설팅을 받을 수 있다는 장점이 있습니다. '무인양품스러운' 인테리어를 좋아하는 고객이라면 무인양품 콘셉트를 그대로 집 안에 가져올 기회이기도 하죠.

여기서 더 나아가 무인양품은 숙박업도 시작했습니다. 2018년 1월 18일 중국 선전에 오픈한 무지 호텔MUJI Hotel을 시작으로 직접 호텔을 지어 거주 공간 실험의 연장선으로 활용하고 있습니다. 무지 호텔 역시 무지 인필 제로처럼 무인양품의 생활 잡화와 인테리어 제품으로 객실을 꾸몄습니다.

무지 호텔은 공간 연구소 역할도 할 수 있습니다. 78개의 객실은 78개의 집을 의미하기도 하니까요. 무지 호텔에서는 무인양품 제품으로 거주 공간을 어떻게 활용하는지 보여주고, 다양한 성별과 연령층으로 이루어진 투숙객의 공간 사용 패턴도 확인할 수 있습니다. 이를 통해 무인양품은 새로운 제품 개발과 인사이트를 뽑지 않을까 생각해봅니다.

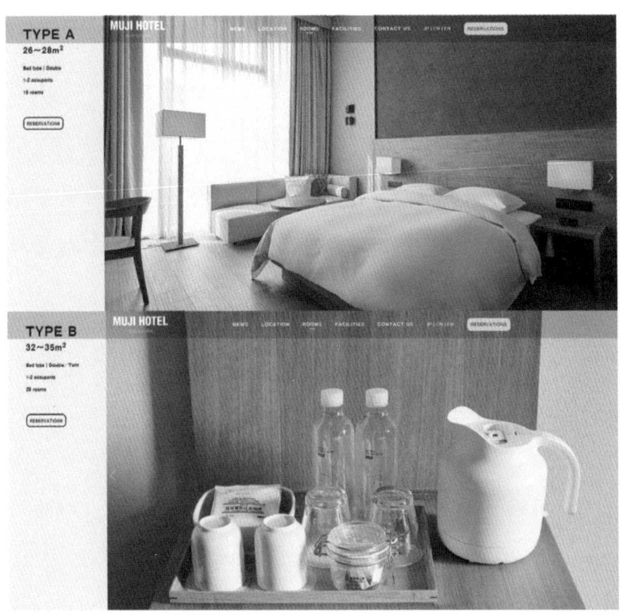

중국 선전에 오픈한 무지 호텔 방의 종류는 크기에 따라 A부터 E까지 다섯 개 타입이 있다.
©MUJI HOTEL(hotel.muji.com)

브랜드 캠페인 'I am MUJI'

아이 엠 무지I am MUJI. 무인양품에서 새롭게 진행하는 브랜드 캠페인의 이름입니다. 처음 본 순간, 정말 네이밍을 잘 했다는 생각이 들었죠. 무인양품은 라이프스타일을 제안하는 곳인 만큼, 고객이 직접 '내가 무인양품이다'라고 자신 있게 말하고 인정하는 것처럼 큰 영광이 없기 때문입니다.

이 캠페인은 무인양품이 2016년부터 시작한 글로벌 캠페인입니다. 무인양품이 주목한 것은 '자기표현self-expression'이었습니다. 너무 많은 정보 속에서 현대인은 자신이 어떤 사람인지, 어떤 삶을 살고 싶은지 잊어버리는 경우가 많습니다. 그럴 때 무인양품은 '자신을 설명해줄 수 있는 자기표현이 필요하다'고 이야기합니다. 그래서 무인양품은 자신들의 철학을 공유하고 자신들이 만든 상품과 함께하는 고객들이 스스로 '나는 무인양품이다'라고 외치게끔 유도합니다. 인스타그램 해시태그로 #IamMUJI를 쓰도록 하는 것도 같은 목적입니다.

저는 특히 I am MUJI를 소개하는 방식에 흥미를 느꼈습니다. 카페 앤 밀 무지를 둘러싼 통유리 창에 윈도 형태로 스티커가 붙어 있었습니다. 통유리 창밖에서 카페 앤 밀 무지를 보는 사람이 내부에서 식사 중인 사람들을 보며 스티커에 쓰인 I am MUJI를 보는 방식입니다.

I am MUJI 콘텐츠를 모아놓은 공식 온라인 플랫폼의 스냅샷들

현장에서 무인양품을 즐기고 있는 고객의 모습을 실시간으로 담으며, 자리에 앉은 사람들이 계속 변함에 따라 '나는 무인양품입니다'라고 외치는 모습을 다양하게 보여주는 거죠. 만약 무인양품처럼 라이프스타일을 제안하고 추천해주는 비즈니스를 지향한다면, 그곳에서 만든 상품을 구매한 고객들이 주위 사람들로부터 어떤 평판을 받는지

I am MUJI 캠페인을 설명한 안내판

생각해볼 필요가 있습니다. '나는 무인양품이다'라는 선언을 통해 자신의 가치관은 어떤지, 어떤 취향을 가졌는지를 무인양품이라는 브랜드로 한꺼번에 설명할 수 있는 것처럼 말이죠. 고객이 브랜드로 자기 자신을 설명할 때 그 브랜드의 정체성은 확고하다고 할 수 있습니다. 제품을 넘어 고객이 곧 브랜드인 셈입니다.

식사를 즐기는 고객의 모습이 자연스럽게 프레임 안에 들어오는 윈도

Tokyo

무지 북스가 서거한 작가를 기리는 방법

무지 북스에 가면 통일된 형태의 표지를 가진 수십 권의 책이 서가 한쪽에 꽂혀 있는 모습을 볼 수 있습니다. 책을 꺼내 표지를 살펴보면 공통점을 찾을 수 있습니다. 모든 책의 저자가 이미 서거했다는 점입니다.

책 표지에는 작가의 출생 연도와 사망 연도가 적혀 있습니다. 책이 진열되어 있는 칸 한쪽에서는 작가의 사진이나 작가를 상징하는 이미지와 함께 간략한 설명을 볼 수 있습니다. 자연스럽게 작가와 책에 대한 이해도가 높아지고 손길이 한 번 더 가게 됩니다. 비록 이제는 만날 수 없지만 작품으로 남겨져 앞으로도 영원히 남을 그들의 문학 세계를 접할 수 있습니다.

이것은 서거한 작가들을 기리는 무지 북스만의 방식입니다. 작품 대부분은 작가가 살아 있을 당시에는 큰 인기를 끌지 못했습니다. 그래서인지 고객 입장에서 처음 접하는 작가도 많다고 합니다. 무지 북스는 작가들과 작품들이 묻히는 안타까운 상황을 바꿔보고자 서거한 작가의 작품 중 꼭 한 번 읽어볼 만한 것들을 골랐습니다. 그리고 'This Month's Features' 즉 '이달의 특집'이라고 제목을 붙인 단독 매대를 마련했습니다. 여기에 놓인 책들이 잘 팔린다는 보장은 없지만, 'This Month's Features' 매대는 무지 북스가 묵묵히 추진하고 있는 작업입니다. 고객은 이 섹션을 보며 어떤 생각을 할까요? 무인양품이 책을 대하는 태도, 단순히 책을 많이 팔기 위함이 아니라 책에 대한 진정성과 발견성을 높이고자 노력한 진심을 느낄 수 있을 것입니다.

이런 인상이 결국 무인양품이라는 브랜드에 대한 호감으로 이어지기도 하며, 책을 구매하는 감성적 요인이 되기도 합니다. 무엇이든 진정성이 느껴지는 비즈니스를 이길 수는 없습니다.

무지 북스 전면 매대에 있는 This Month's Features

매장 안으로 들어온 100엔 커피

무지 북스 매장에는 한 가지 공통점이 있습니다. 매장 한 가운데 커피 머신이 있고 그 주위로 테이블과 의자가 있다는 점입니다. 신기한 사실은 커피 가격이 단돈 100엔, 한화로 환산하면 1000원 정도의 가격입니다. 그렇다고 저렴한 원두를 사용하는 것이 아닙니다. 최상급 원두를 저렴한 가격으로 제공하고 있습니다.

모든 무지 북스 매장에서 볼 수 있는 100엔 커피 머신

이런 부분은 다른 서점에서는 찾아보기 힘든 '디테일'입니다. 우선 서점에서 커피를 제공하는 곳을 접하기 어렵습니다. 대부분 서점 안에 커피 매장이 들어와 있는 경우가 많죠. 사실 서점은 이 방식을 더 선호합니다. 매장 임대료를 통해 수익을 거둘 수 있고, 음료와 자리 등을 따로 관리하지 않아도 되기 때문입니다. 이 방법은 매장 내 회전율을 높일 수 있어 더 많은 고객을 끌어올 수도 있습니다. 커피를 마시며 책을 읽고 싶은 고객의 요구를 채워줄 수 있는 인프라를 갖추게 되는 거죠.

무지 북스는 커피 머신을 매장 안으로 가져왔습니다. 게다가 비싸게 파는 것도 아니고, 원두 비용 정도를 충당할 수 있는 최소 가격만 받고 있습니다. 무지 북스는 왜 이런 시설을 갖췄을까요?

저에겐 무지 북스가 책은 물론 더 나아가 '책을 읽는 사람들'을 디스플레이하는 것처럼 보였습니다. 무지 북스는 단독 매장이 없습니다. 모두 무인양품 매장 안이나 옆에 있습니다. 저는 매장을 둘러보며 쇼핑을 하다가 무지 북스 테이블에 앉아 자연스럽게 커피를 마시며 책을 읽는 사람들을 보았습니다. 그 모습을 보니 매장에 대한 호감도 더 커졌습니다. 책이 아닌 책을 읽는 사람들을 디스플레이하면서 무인양품은 책과 잡화가 적절히 융합할 수 있다는 사실을 보여주었습니다. 이는 잡화점에 머물렀던 무인양품이

라이프스타일 기업으로 도약할 수 있는 계기가 되었습니다. 또 무인양품에서 저렴한 커피를 마시며 책을 편하게 볼 수 있다는 사실을 인식한 고객들이 단골이 되는 현상도 일어났습니다.

이 사례는 시사하는 바가 큽니다. 아직도 많은 리테일러가 '상품' 판매를 최우선으로 여깁니다. 하지만 점점 '상품을 소비하는 사람들'을 모으면서 자연스럽게 판매로 이어지는 경우가 많아지고 있습니다. 2017년 5월 스타필드 코엑스에 생긴 별마당 도서관도 비슷한 예입니다. 코엑스 안에서 가장 노른자 땅이라고 할 수 있는 센터를 임대사업으로 활용하는 것이 아니라, 도서관을 오픈해 책을 소비하는 사람들을 디스플레이했습니다. 이후 신기하게도 다른 복합쇼핑몰에 뺏겼던 고객들이 다시 코엑스를 찾았고, 그들이 별마당 도서관에 머무르면서 주변 상권이 활성화되어 오히려 전체 매출이 높아지는 효과를 가져오기도 했습니다.

상품을 판매하는 곳은 이제 너무 많아졌습니다. 상품보다 상품을 사용하는 고객을 디스플레이할 방안을 찾으며 공간의 가치를 높이는 일이 매출 증대를 위한 가장 현명한 방법이 되었습니다.

5

Tokyo

도쿄에서 '도쿄의 디테일'로

P-DAY

●●●●● P-DAY

도쿄에서 '도쿄의 디테일'로

다이칸야마에 위치한 츠타야 티사이트를 가고 있던 지하철 안이었습니다. 서둘러 가지 않으면 관광객이 많아 제대로 구경할 수 없다는 블로그 리뷰에 잔뜩 겁을 먹어 아침 일찍 나섰습니다. 츠타야 티사이트를 방문하기 위해 도쿄를 왔다고 해도 좋을 만큼 꼭 가보고 싶었던 곳이었습니다. 한국의 '츠타야' 바람 속에서 늘 언급되는 이곳을 직접 와보고 싶었습니다. 일본의 출근 시간 지하철 풍경은 우리나라 지옥철과 비슷했습니다. 직장인들 사이를 낑낑거리며 파고들 때 트위터 알람이 하나 떴습니다. PUBLY에서 보낸 DM이었습니다.

안녕하세요, 생각노트 운영자 님. PUBLY입니다. 올려주시는 글 잘 보고 있습니다. :-) 다름이 아니라 트윗하신 '도쿄에서 배우고 왔습니다'는 PUBLY와 결이 잘 맞을 것 같은데 혹시 프로젝트화해보는 건 어떨까요? 의사가 있는지 편하게 말씀해주세요! 고맙습니다. :-)

PUBLY

2017. 12. 5. 오전 10:47

안녕하세요! PUBLY에서 연락을 주시다니! 정말 영광이고 감사합니다.:D PUBLY에서 프로젝트를 해보는 것이 꿈이었는데 도전(!) 해볼 수 있다면 좋겠습니다. 사실 포스팅을 목적으로 도쿄에 온 것이 아니라 휴가로 온 목적이 큰데요. (그래서 기획을 꼼꼼히 하지는 못했습니다. ^^;;) 저만의 관점으로 5일 동안 도쿄에 있으면서 가본 곳, 경험한 것들을 이야기하며 가볍게 포스팅을 해보고자 합니다. 키워드는 '도쿄에 직접 가보지 않으면 알 수 없는 것들', '기획력이 돋보인 순간과 장소들', '최신의 도쿄'입니다. PUBLY는 유료로 콘텐츠를 판매하는 만큼 깊이가 있어야 할 것 같은데요! 어느 정도 깊이가 나올 수 있지는 목차를 뽑아보면서 봐야 할 것 같습니다. 혹시 생각하는 방향과 맞을지 살펴주시면 감사하겠습니다. 다시 한번 제안해주셔서 고맙습니다.

2017. 12. 5. 오후 2:17

2017년 12월 2일, 도쿄에 도착했습니다. 출발할 때만 해도, 4박 5일 동안 도쿄를 누비며 '개인적인 휴가'를 즐길 참이었습니다. 휴가가 특별해진 순간은 여행 4일 차에 다다른 12월 5일 오전 열 시 오십 분경이었습니다. 그 전날, 제가 운영하는 생각노트 트위터 계정에 도쿄에서 보고 경험한 것들을 블로그에 포스팅한다는 소식을 올렸는데요. 이 트윗을 보고 당시 PUBLY 프로젝트 매니저로 활동하던 최우창 PM이 블로그 콘텐츠 '도쿄에서 배우고 왔습니다'를 프로젝트화해보자는 제안을 해왔습니다. '휴가'가 '프로젝트'로 바뀌게 된 순간이었습니다.

'과연 내가 할 수 있을까?' 휴가로 온 여행에 대한 기록이 유료 콘텐츠가 될 수 있을지, 비용 가치가 있는 콘텐츠를 제작할 수 있을지 걱정이 되었습니다. 속으로 '하지 말까'를 수십 번 외치다 평소 디테일 사례를 모아오던 습관의 힘에 기대 도전하기로 결심했습니다. 그렇게 프로젝트가 시작되었습니다. 〈도쿄의 디테일〉은 사전에 미리 완벽한 준비 과정을 거쳐 제작된 콘텐츠가 아닙니다. 기록하는 습관과 SNS에 포스팅을 알리는 습관 그리고 PUBLY의 제안이 우연히 맞물려 시작되었습니다. 누군가는 즉흥 제작이었단 사실에 실망할 수도 있지만, 저는 오히려 목적 없이 도쿄를 둘러봤기에 이 PUBLY 콘텐츠에 이어 book by PUBLY를 통해 종이책으로 나올 수 있었다고 생각합니다.

PUBLY 디지털 콘텐츠 〈도쿄의 디테일〉 표지

디지털 콘텐츠는 펀딩 발행 6일 만에 100%를 달성했다. 2018년 1월 23일부터 3월 15일까지 총 53일동안 진행한 펀딩 최종 달성률은 목표 금액의 1000% 이상인 1227%를 달성했다.

꼭 무언가를 발견해야 한다고 생각하는 순간, 순수한 고객의 입장이 아니라 콘텐츠 창작자의 시선에서 사례를 바라보게 됩니다. 그렇게 되면 고객이 상황을 어떻게 느끼는지 객관적으로 이해하기 어렵습니다. 고객으로서 진심으로 혹은 자연스럽게 생각하고 경험했다기보다는 콘텐츠를 제작하기 위한 시선으로 공간과 대상을 먼저 바라보기 때문입니다. 이번 여행에서 저는 고객 입장에 서 있었고, 고객 관점에서 느낀 다양한 디테일을 다룰 수 있었습니다. 따지고 보면 무언가를 준비할 수 있는 내용도 아니었습니다. 기존 가이드북이나 블로그 등에 잘 나오지 않았던 부수적인 현상이 제가 기록하고 싶었던 주제였기 때문입니다. 현장에서 실제 고객이 되어야만 보고 느낄 수 있는 순간들 말이죠.

©Manki Kim/Unsplash

여행을 떠날 때 목적에 따른 압박감을 갖지 않았으면 좋겠습니다. 무언가를 꼭 보거나 경험해야 한다고 생각하면, 그 목적을 이루기 위해 온 신경을 쏟고 집중하게 됩니다. 오히려 사소하지만 자기 자신에게 의미가 담긴 포인트를 놓치고 돌아올 수 있지요. 저는 도착지만 정해지면, 구체적인 정보 없이 방문하길 즐깁니다. 그래야 다른 사람에게는 보이지 않는 부분을 볼 수 있고, 그 과정에서 더 많은 것을 느끼고 생각할 수 있습니다. 어떤 여행이 되느냐의 기로는 기록에 달려 있다고 봅니다. 자신이 포착한, 혹은 우연히 포착된 어떤 특별한 부분을 발견했을 때 그 순간을 '찰나'로 떠나보낼지 '텍스트'로 써 내려갈지는 우리 손에 달려 있습니다. 제가 이 책 안에서 독자들과 함께 도쿄를 동행할 수 있었던 기회도 기록에서 비롯되었습니다. PUBLY에서 제안했을 때 만약 제가 빈손이었다면, 얼마나 후회했을까요? 생각만 해도 가슴이 철렁합니다. 저와 함께한 '디테일 여정'은 여기까지입니다. 부디 즐거운 동행이었길 바랍니다. 저는 '도쿄의 디테일' 이후 북경에 다녀왔고, 서울 구석구석을 살펴보는 중입니다. 도시 그리고 저의 새로운 변화를 기대하면서요. 이 책이 독자들에게도 '디테일 여행'의 티켓이 되길 바랍니다.

EPILOGUE

디테일은 결국
전달의 문제

Tokyo

디테일은 많은 의미를 포함한 단어입니다. 한 점의 오류도 없이 완벽한 상태를 마주했을 때, 우리는 "디테일이 잘 살아 있다"라고 이야기합니다. 자칫 놓칠 수 있는 사소한 부분까지도 신경을 썼다고 느껴질 때 그렇게 말하죠. 또한 세부 사항을 의미할 때도 디테일이라는 단어를 사용합니다. "그 내용을 조금 더 디테일하게 알려줘"라고 말할 때처럼요. 제가 이 책에서 다룬 디테일은 고객의 마음을 움직이는 디테일이었습니다. 기존의 상품 및 서비스와 비슷한 환경에 놓였지만, 단순한 편의 제공에서 한발 더 나아가 고객의 마음마저 배려하는 사례를 경험하며 제 마음도 움직였습니다. 이처럼 《도쿄의 디테일》에서는 완벽한 상태 또는 세부 사항을 가리키는 것이 아닌, 고객 입장에서 체감하는 감동의 순간을 '디테일'로 정의했습니다.

디테일은 결국 전달의 문제라고 생각합니다. 고객이 무엇을 원하는지, 또는 무엇을 불편해하는지 잘 파악한 뒤 혜택이 느껴지도록 잘 전달하는 것이 중요합니다. 물론 사소한 배려이기에 아무도 발견하지 못할 거라고 생각할 수 있습니다. 하지만 제 경험상 이런 사소한 배려는 누군가에 의해 발견되고 알려집니다. 일부러 바이럴 마케팅Viral marketing을 만들어 브랜드나 제품을 홍보하는 방법보다 훨씬 진정성 있게 고객에게 다가갈 수 있다는 장점도 있죠.

예를 들어볼까요. 집 앞에 생선 가게가 새로 문을 열었습니다. 원래 있던 횟집이 폐업하고 다음 횟집이 들어오기 전까지 누군가 잠시 생선 가게를 운영한다고 들었습니다. 정확한 연유는 모릅니다만, 수조 시설과 생선 손질에 필요한 기구가 잘 갖춰져 있어서 비어 있던 공간에 생선 가게가 자연스럽게 들어선 걸로 짐작합니다. 무심코 생선 가게를 지나치던 어느 날, 이 가게에 사람들이 북적거리는 풍경을 마주했습니다. '사람들이 왜 저렇게 줄을 섰을까' 생각하며 가게에 들어간 순간 다른 가게에 없는 안내판을 보았습니다. 안내판에는 이렇게 적혀 있었습니다. '생선 구워드립니다. 1000원.' 이 가게는 고객이 생선을 살 때 가장 많이 하는 고민이 무엇인지 생각했습니다. 그러고는 생선구이가 지닌 불편을 파악했습니다. 고객 입장에서는 집에서 생선을 구우면 집 안에 냄새가 배는 것은 물론, 실내 미세 먼지 농도를 높인다는 뉴스가 여간 신경 쓰이는 게 아니니까요. 이 생선 가게는 1000원만 더 지불하면 생선을 대신 구워주는 서비스를 제공했습니다. 기존에 횟집이었던지라 주방이 갖춰져 있어 굽는 일이 크게 어렵지 않았습니다. 이는 고객의 불편을 잘 찾아내어 그것을 새로운 수익과 혜택으로 바꾸면서 고객을 향한 배려를 전달한 사례라고 봅니다. 다른 생선 가게와 차별화하는 강력한 포인트도 갖게 되었고요.

비슷한 선상에 있는 것처럼 보이지만, 고객을 배려하기 위해 한 발자국 더 나아가며 그 의미를 잘 전달하는 것이 제가 생각하는 디테일입니다. 도쿄에서 감동을 느낀 순간을 독자 여러분과 공유할 수 있어서 영광이었습니다. 앞으로 우리 주변에 이런 디테일이 더 많아졌으면 좋겠습니다. 긴 글을 읽어주셔서 고맙습니다.

INDEX

Tokyo

찰나와 텍스트 사이

'일하는 사람들'에게 부록 생각노트를 부칩니다.
마케터, 기획자, 디자이너 각 직업군에 영감이나 정보가 될만하거나 다시 생각해볼 만한 지점을 적었습니다.
각 직업군을 위해 고른 문장은 일부 교차되기도 합니다.

마케터를 위한 생각노트

No.		Page
1	오모테나시는 상대방에 대한 단순한 친절이 아니라 친절을 베푸는 상대를 미리 헤아려 마음 씀씀이를 행하는 것, 그리고 그 마음을 받아들일 만한 환경과 상황까지 미리 준비하는 것이라 이해된다. -최한우, 《오모테나시,접객의 비밀》(스리체어스, 2017)	30
2	제가 메모하는 기준은 딱 세 가지입니다.	32
3	'저가 항공사의 차별화 전략은 무엇일까?'	41
4	문득 왜 일본의 많은 브랜드가 문구류에 주목하고 있는지 궁금해졌습니다. (중략) 결국 마음이 흔들려야 호감으로 이어질 수 있기 때문입니다. 그렇기에 비교적 저렴한 가격으로도 브랜드 정체성을 알리고 충성도를 끌어낼 수 있는 카테고리가 문구입니다.	55, 57
5	이토야를 둘러보며 또 한 번 놀란 이유는 카테고리별로 '만물상 전략'을 취하고 있었기 때문이었습니다. (중략) 이토야는 만물상 비즈니스를 실천하면서도 고급스러운 느낌을 버리지 않았습니다. 이 부분이 다이소나 돈키호테와는 다른 방식입니다.	64, 66
6	도쿄의 놋토Knot는 최근 몰려드는 손님들로 인해 품귀 현상이 일어나고 있는 시계 브랜드입니다. 5평 남짓한 매장이지만 오픈 후 첫해의 목표 판매량인 5000개를 4개월 만에 전	82

부 팔았고, 2016년도부터는 매월 1만 개의 시계를 생산해야 할 정도로 수요가 늘었습니다. 비결은 바로 커스터마이징에 있었습니다.

7 ‘원하는 만큼 잘라가는 스티커’ 87

8 선물은 일명 마케팅에서 말하는 STP가 잘 맞아야 합니다. 적절한 선물 카테고리와 선물을 받는 대상에 대해 생각해 보고segmentation, 선물을 받는 대상과 선물을 최종적으로 결정하고targeting, 받는 사람에게 이 선물이 어떤 의미로 다가갈 수 있는지positioning 고민해봐야 한다는 뜻입니다. 102

9 이는 해당 쌀을 왜 선물하는지 설명해주는 근거가 되었습니다. 꼭꼭 씹어 먹어야 하는chewy, 가볍게 씹어 먹을 수 있는light, 딱딱한firm, 부드러운soft 등 다양한 기준을 통해 각각의 쌀이 가진 특징을 객관화해 보여주기도 하고, 쌀과 관련해 전문가와 상담할 수도 있습니다. 105

10 같은 수건이지만, 남성과 여성은 수건을 다르게 사용하고 있었던 것이죠. 그래서 더 타월은 하나의 수건으로는 남성과 여성을 모두 만족시킬 수 없기에 각각을 위한 수건을 출시해야겠다는 생각을 했습니다. 126

11 ‘모마 디자인 스토어가 연말 선물을 제안하는 방법’ 141

12 공간이 다양한 8/처럼 당장 매상을 올리는 데 집중하기보다 문화 콘텐츠로 공간을 채우려는 몰mall이 많아지고 있습니다. 방향을 선회한 가장 큰 이유는 온라인 때문입니다. 158

13 MOV를 살펴보며 2012년에 누가 이런 공간을 만들 생각을 했을까 궁금했는데요. 다름 아닌 일본 사무 가구 기업인 코쿠요KOKUYO가 운영하고 있었습니다. 처음에는 웬 가구 회사가 이런 곳을 만들었을까 싶었는데, 곰곰이 생각해보니 이런 생각이 떠올랐습니다. 162

14 ‘d47 MUSEUM이 제안하는 선물은 어떨까?’ 174

15 Q. 디앤디파트먼트는 왜 '디 투어'라는 새로운 사업을 시작한 걸까요? **181**

16 디앤디파트먼트의 한 끗은 '전달'이 아닐까 싶어요. (중략) 어떤 다양한 방식을 통해 제대로 전달하는지, 이 부분이 디앤디파트먼트가 가진 한 끗 차이 아닐까요? **188, 189**

17 모든 비즈니스가 지역과 연관되었다는 점도 인상 깊었습니다. **190**

18 월 기준으로 9000엔, 즉 한화로 하면 10만 원 정도의 멤버십 비용을 지불해야 하는데, 연간은 10만엔, 한화로 하면 약 110만 원의 금액(2018년 11월 10일 기준)입니다. 그럼에도 사람들은 기꺼이 아카데미 힐스의 회원이 되고자 합니다. 아카데미 힐스에서 '멤버십이란 어떤 의미일까'라는 생각이 가장 먼저 들었습니다. **227**

19 그렇다면 사람들은 왜 아카데미 힐스, 아마존 프라임, 츠타야의 멤버십에서는 돈을 내면서까지 계속 멤버십을 연장하려고 할까요? **229**

20 이런 실마리, 즉 소스가 영감을 만들어내기에 소스를 어떻게 큐레이션 하는지도 중요하죠. 결국 큐레이션이 해당 공간의 성격을 규정하고, 계속 찾아올 이유를 만들어내지 않을까요? 의자와 책상이 있는 장소는 굳이 아카데미 힐스가 아니더라도 많으니까요. **246**

21 '앉는 공간'을 거리에 잘 활용한 예는 오모테산도에서도 볼 수 있었습니다. 이곳에는 별도의 벤치가 없습니다. 그 대신 사람들은 화단 옆에 있는 설치물에 앉아 휴식을 취했는데요. **256**

22 츠타야도 매대 광고를 운영하고 있습니다. 하지만 매대 광고라는 느낌이 강하게 나지 않습니다. 그 이유는 매대에서 '물건'이 아닌 '제안'을 팔기 때문입니다. 특정 출판사의 책을 판매하려 하기보다 책의 내용을 제안하기 위해 매대를 활용합니다. **266**

기획자를 위한 생각노트

No.		Page
1	일본 편의점은 식사 중인 소비자만 생각하지 않고, 식사 전후의 소비자까지 생각했으니까요. 식사하기 전에는 손님들이 손을 닦을 수 있도록 물티슈를 동봉했고, 식사를 하고 나서는 입안에 찝찝함을 남기지 않도록 이쑤시개를 넣어줬던 겁니다.	25
2	나중에야 알았지만, 건너편 사람이 눌렀던 것은 '초록불 신호 연장 버튼'이었습니다.	26
3	제가 메모하는 기준은 딱 세 가지입니다.	32
4	법규에 따라 의무적으로 실행해야 하는 부분을 굳이 '딱딱하게' 진행할 필요는 없습니다. 안전 수칙 안내 시간을 조금 다른 방향에서 바라보면, 항공사의 고유 콘텐츠를 승객이 '의무적으로' 소비하는 시간이 됩니다.	40
5	지하철, 버스, 택시 등 매일 이용하는 대중교통에서 불편했던 점을 떠올려보고 이를 해결하기 위한 기능을 생각해보면 어떨까요? 어찌 보면 우리 스스로가 가장 순수한 사용자일 수 있으니까요.	52
6	빌 마르쉐는 고급스럽게 탈바꿈된 편의점이 '둘러보는 재미'를 갖출 수 있다는 사실을 증명했습니다. 상품의 수가 많은 데다 고급화 전략이 어울리지 않는다는 편견을 깨고 과감히 시도한 변화였죠.	67

7 점점 니치 마켓을 향하면서 고객 스스로 필요를 깨닫게 하는 상품이 쏟아지고 있습니다. 그중에서도 핫한 카테고리가 바로 '로그 툴'입니다. 사람마다 관심사와 취향, 취미 등이 모두 다를 뿐 아니라 사람은 누구나 데이터를 모으고 기록logging하려고 무던히 노력하기 때문입니다. 77

8 일본에서도 저녁에 집중하는 비즈니스가 뜨고 있습니다. 대표적인 사례가 도쿄에 있는 '스타벅스 이브닝'입니다. 101

9 (기타다 히로미쓰는) 생일이라는 '날짜'에 주목했습니다. 그리고는 해당 날짜에 태어난 작가가 쓴 책을 블라인드blind 형태로 판매했습니다. 그러자 어떻게 되었을까요? 선물을 건네는 사람이 책 제목과 내용을 모르자 오히려 책을 선물하기 시작했다고 합니다. 104

10 '특별한 콘셉트로 니치 타깃 공략에 나선 매장들' 115

11 일본에서는 한 공간에 두 가지 업태를 결합하는 사례가 점점 늘어나고 있습니다. 앞서 언급한 사례뿐 아니라 서점과 숙박이 합쳐진 북 앤 베드 도쿄BOOK AND BED TOKYO, 또 2017년 11월 츠타야가 새롭게 선보인 복합 문화 공간 츠타야 북 아파트먼트TSUTAYA BOOK APARTMENT도 같은 맥락입니다. 144

12 우리는 언제나 다른 사람의 생각을 궁금해합니다. 참여에 적극적이지 않았던 저 역시도 이곳에서는 자유롭게 의견을 적고 다른 사람이 적어둔 의견도 살펴봤습니다. 148

13 그래서 식당이 주는 특별한 경험이 더 중요해졌죠. 그렇다면 어떤 특별한 경험이 식당에서 펼쳐질 수 있을까요? 154

14 여기서 주목해야 할 점은 '슬로건을 하나의 콘텐츠로 만드는 능력'입니다. 슬로건을 통해 새로운 공간이 어떤 성격을 지니는지, 어떤 역할을 할 것인지 예측할 수 있습니다. 161

15 이 행사를 보며 '일work 박람회'가 있으면 흥미롭겠다고 생각했습니다. 일본의 경우에는 워크스타일workstyle을 다룬 잡지가 따로 존재할 만큼 일하는 문화와 환경에 대한 관심이 생겨나고 있습니다. 169

16 〈d design travel〉은 기존 가이드북과 분명 달랐기 때문에 고객의 선택을 받았습니다. 가장 큰 차이점은 내용에 대한 엄격함에 있습니다. 취재할 현이 정해지면 편집부는 2개월에서 3개월 정도 현지에서 직접 지내며 해당 지역의 '지역다움'을 경험합니다. 171

17 '문제를 해결하기 위한 지역 상품'으로 꾸민 전시 기획이 참 흥미로웠습니다. 174

18 이제는 '어떤 경험을 줄 수 있느냐'에 주목해야 한다고 생각합니다. 맛있는 식사도 중요하지만, 다른 식당에서는 느낄 수 없는 경험을 선사하는 일이 더 중요해질 것 같아요. d47 쇼쿠도처럼요. 185

19 일부 상점에는 〈d design travel〉, 롱 라이프 디자인 뉴스 계간지 〈d〉 등을 배치해 등을 배치해 디 투어 중이라는 사실을 계속 상기시켜 주었죠. 좁게는 디앤디파트먼트와 가게 사이의, 넓게는 디앤디파트먼트와 지역 사이의 강력한 연대가 느껴졌습니다. 187

20 모든 비즈니스가 지역과 연관되었다는 점도 인상 깊었습니다. 190

21 제가 받은 입장권은 '동그란 스티커'였습니다. 파란색 스티커에는 방문 날짜가 찍혀 있었습니다. 직원은 스티커를 건네며, 이 스티커가 입장권이니 옷이나 사물에 부착하면 된다고 알려주었습니다. 204

22 교토에 있는 금각사와 은각사의 입장권은 그 자체가 부적입니다. 입장권이 곧, 입장권을 구입한 사람과 그의 집안에 행운을 가져다주는 부적이기 때문입니다. 이런 입장권이라면, 사람들이 더 오래 간직하려고 하지 않을까요? 207

23 '이해하기 쉽게 쓴 디렉터의 메시지' 208

24 '화장실에서 생각한 제1사고 원칙' 246

25 생각해보면 고객을 향한 디테일은 일반적인, 즉 '표준'에서 259
벗어나 있는 경우가 많습니다. 한 끗 차이로 새로움을 가져
온 사례가 대부분이죠. 새로운 제품을 만들거나 기획을 할
때, 기존에 있던 것을 참고할 수 있지만, 이를 필수 과정으
로 볼 필요는 없습니다. 그것보다는 고객 관점에서 볼 때어
떤 점이 불편하고, 어떤 점이 있으면 더 편리하다고 느낄지
고민해보면 책에서 다룬 사례들처럼 반짝이는 아이디어가
나오리라 믿습니다.

26 츠타야는 고전 콘텐츠에 주목했고 먼지가 쌓여 있을 법한 281
영화들을 다시 꺼내 들었습니다. 이는 죽어가던 콘텐츠에
숨을 불어넣는 과정과도 같습니다. 그렇게 다시 한번 사람
들의 기억에서 멀어진 고전이 오늘 누군가의 시간에 재등
장하는 거죠.

27 이 말은 무인양품의 최대 장점이 오프라인 공간에 있다는 296
의미이기도 합니다. 그렇다면 무인양품은 온라인보다 오프
라인에서 확실히 더 잘할 수 있는 것을 찾지 않았을까요?
그것이 바로 농산물 판매입니다.

28 만약 오프라인에서 무언가 준비해볼 계획이라면 무인양품 298
청과 매장처럼 온라인보다 오프라인이 강한 우위를 점할
수 있는 아이템이 무엇일지 먼저 생각해본다면 좋겠습니
다. 온라인에서 상품 구성이나 유통 인프라가 정말 잘 갖춰
져 있다고 해도 고객의 발걸음을 오프라인 매장으로 유도
할 법한 무언가를 말이죠.

29 저는 특히 I am MUJI를 소개하는 방식에 흥미를 느꼈습니 306
다. 카페 앤 밀 무지를 둘러싼 통유리 창에 윈도 형태로 스
티커가 붙어 있었습니다.

30 무심코 생선 가게를 지나치던 어느 날, 이 가게에 사람들이 326
북적거리는 풍경을 마주했습니다. '사람들이 왜 저렇게 줄
을 섰을까' 생각하며 가게에 들어간 순간 다른 가게에 없는
안내판을 보았습니다. 안내판에는 이렇게 적혀 있었습니다.
'생선 구워드립니다. 1000원.' 이 가게는 고객이 생선을 살
때 가장 많이 하는 고민이 무엇인지 생각했습니다.

디자이너를 위한 생각노트

로 주별 일정을 쓸 수 있는가 하면, 목표를 정해두고 일별 로 실행 여부(O, X)도 표시할 수 있는 레이아웃이었습니다. (중략) 요가 스튜디오 시타CITTA에서 만든 다이어리도 디테일이 반영된 속지로 유명합니다.

7 ‘이토야에서 발견한 신기한 아이디어’ 84

8 이 섹션에는 날짜별로 포장된 책들이 진열되어 있습니다. 103

9 벽걸이형 달력은 월이 지나가면 옆이나 뒤로 넘겨야 합니 120
다. 해가 바뀌면 새로운 달력을 사용해야 하죠. 이런 불편을
겪으며 저 역시 한 번 구매한 달력을 오랫동안 사용할 수
없을까 고민했는데, 하코아에서 좋은 상품을 발견했습니다.

10 ‘남성과 여성의 수건 사용 방식을 관찰하다’ 125

11 작은 신호에 불과하지만 건널목에서 대기하는 시민들을 배 136
려한다는 사실을 느낄 수 있는 포인트였습니다.

12 BSDG 네이버 블로그에서 ‘유명 디자이너들의 노트 훔쳐보 168
기’란 게시물을 재미있게 읽었습니다. 명성을 얻은 사람들
의 메모 습관과 작업 스타일을 살펴보는 내용을 담고 있죠.

13 전시 상품 위에는 어떻게 문제를 해결하려고 했는지 적혀 176
있었습니다. 그 아래에는 그래픽 요소를 활용하여 해당 제품
이 어떤 문제를 해결한 것인지를 직관적으로 보여줬습니다.

14 가이드북 표지 역시 남다른 포인트가 있었는데요. 새로운 184
그래픽을 만드는 것이 아니라, 각 지역을 대표하는 것 또
는 가게의 오브제objet를 표지로 삼고 있었습니다. 예를 들
어 사가의 경우에는 파란색 표지였는데, 도자기로 유명한
사가현 지역에 있는 도자기 학교의 간판의 일부입니다. 후
쿠오카 편은 후쿠오카의 오래된 명란 가게의 로고로 표지
를 만들었죠. 사소한 부분을 놓치지 않고 발견하는 것이 〈d
design travel〉의 핵심입니다.

15 버스 외관에 'd' 로고가 있었고, 좌석마다 새겨진 로고를 보 187
며 '우리를 위해 세심한 부분까지 신경 썼다'는 생각이 자
연스럽게 들었습니다. 로고가 있다는 건 소속감을 느낀다
는 의미와도 일맥상통하는데요. 로고를 보자마자 디 투어
에 참여 중이 라는 생각과 함께 디앤디파트먼트의 한 부분
에 속했다는 강력한 소속감이 들었습니다.

16 인터뷰를 마치면서, 제 주변에 디앤디파트먼트를 좋아하는 190
사람이 많은 이유를 깨닫게 되었습니다. 우선 디앤디파트
먼트의 창업자 나가오카 겐메이가 '디자인 활동가'라는 새
로운 범주를 만들었다는 점입니다. 창작물을 만드는 것에
그치지 않고, 이를 토대로 사회를 움직이는 활동가로서의
역량을 보여준 것이죠. 그야말로 세상을 바꾸는 디자인을
직접 보여준 셈입니다.

17 흔히 볼 수 있는 창문 위쪽이나 한국 버스의 노약자석처럼 195
낮은 위치가 아니라, 아예 팔받침에 하차벨이 있었습니다.
노약자석에 앉는 사람은 팔걸이 위에 팔을 올리고 있다가
하차벨을 누르면 버스에서 내릴 수 있었죠.

18 승하차 시 정류장 쪽으로 버스가 살짝 기울어져 더욱 쉽게 198
승하차할 수 있도록 설계된 도쿄의 버스가 꽤 인상 깊었습
니다.

19 '미술관 입장권은 사각형이어야만 할까?' 204

20 2017년, 21_21 디자인 사이트의 개관 10주년을 기념하여 212
오리지널 굿즈가 만들어졌습니다. 독특하게 이 굿즈에는
10주년을 상징하는 문구나 그림이 없었습니다.

21 여기에도 제1사고 원칙이 적용되었다고 생각합니다. 냉수 250
와 온수라는 극단적인 온도 차를 극(오른쪽)과 극(왼쪽)의
방향으로 표시하는 방법에 적응하다 보니 새로운 형태가
나올 수 없었습니다. 하지만 냉수와 온수를 교체하는 '기능'
에 초점을 맞추면 여러 형태가 나올 수 있습니다.

22 공중전화 부스 안에 앉아 전화하는 모습은 상상하지 못했습니다. 이 작은 의자가 통화 중 다리가 아프면 앉을 수 있고, 반려동물이 있으면 잠시 목줄을 묶어둘 수 있는 용도로도 활용될 수 있다니. 또 한 번 일본의 디테일이 가진 힘을 깨닫게 되었습니다. 256

23 아이 키에 맞게 디자인된 세면대를 설치해 아이들이 쉽게 손을 씻을 수 있도록 한 건데요. 수도꼭지뿐만 아니라 같이 이용하는 물비누까지 구성 전체를 '어린아이용' 사이즈로 만들었습니다. 258

24 '책 바구니에서 느껴지는 세심한 배려' 271

25 이 글자만 보고도 위층의 카테고리가 영화MOVIE라는 사실을 직관적으로 알 수 있었습니다. 남는 공간에 위층 카테고리 이름을 적으면서 에스컬레이터를 타고 이동하는 고객이 미리 정보를 인지할 수 있도록 해주는 고마운 장치였습니다. (중략) 티사이트에 있는 에스컬레이터 텍스트를 보며 이동수단이 지니는 기본 역할에서 나아가 아래층에서 위층으로 올라가는 고객이 무슨 고민을 하는지, 어떤 점을 불편하게 여기는지를 잘 파악해 적용했다는 생각이 들었습니다. 277

26 '노트 내지는 재질과 색이 전부 같아야 할까?' 282

27 고객이 브랜드로 자기 자신을 설명할 때 그 브랜드의 정체성은 확고하다고 할 수 있습니다. 309

28 '무지 북스가 서거한 작가를 기리는 방법' 311

29 꼭 무언가를 발견해야 한다고 생각하는 순간, 순수한 고객의 입장이 아니라 콘텐츠 창작자의 시선에서 사례를 바라보게 됩니다. 그렇게 되면 고객이 상황을 어떻게 느끼는지 객관적으로 이해하기 어렵습니다. 322

30 고객을 배려하기 위해 한 발자국 더 나아가며 그 의미를 잘 전달하는 것이 제가 생각하는 디테일입니다. 327

지요다구
시부야구
4 디자인 페스타 갤러리
3 모마 디자인 스토어
7 21_21 디자인 사이트
5 커뮨 세컨드
6 히카리에 쇼핑몰 8/
8 아카데미 힐스
츠타야 티사이트 9

DAY 1

❶ 이토야 긴자점
Google Map Search Word G.Itoya 긴자점 (혹은 이토야 긴자점)
Add 2 Chome-7-15 Ginza, Chuo, Tokyo

❷ 키테
Google Map Search Word KITTE 키테 (혹은 킷테)
Add 2 Chome-7-2 Marunouchi, Chiyoda, Tokyo

DAY 2

❸ 모마 디자인 스토어
Google Map Search Word MOMA 도쿄 (혹은 모마 디자인 스토어)
Add 5 Chome–10–1 GYRE, Jingumae, Shibuya, Tokyo

❹ 디자인 페스타 갤러리
Google Map Search Word 디자인 페스타 갤러리 도쿄
(혹은 design festa gallery west)
Add 3 Chome-20-18 Jingumae, Shibuya, Tokyo

❺ 커뮨 세컨드
Google Map Search Word COMMUNE 2nd 도쿄 (혹은 커뮨 세컨 푸드 코트)
Add 3 Chome-13 Minamiaoyama, Minato, Tokyo

❻ 히카리에 쇼핑몰 8/
Google Map Search Word 시부야 히카리에 (혹은 Shibuya Hikarie)
Add 2 Chome-21- 1 Shibuya, Tokyo

DAY 3

❼ 21_21 디자인 사이트
Google Map Search Word 21_21 디자인 사이트 (혹은 21_21 Design Sight)
Add Midtown Garden, Tokyo Midtown, 9-7-6 Akasaka, Minato, Tokyo

❽ 아카데미 힐스
Google Map Search Word Academy Hills 도쿄 (혹은 Roppongi Hills)
Add 6 Chome–10, Roppongi, Minato, Tokyo

DAY 4

❾ 츠타야 티사이트
Google Map Search Word 다이칸야마 티사이트 (혹은 TSUTAYA T-SITE)
Add 16-15, Sarugakucho, Shibuya, Tokyo

❿ 무인양품 유라쿠초점(2019년 4월, 긴자점으로 이전 예정)
Google Map Search Word 무인양품 유라쿠초점
Add 3 Chome–8–3 Marunouchi, Chiyoda, Tokyo

도쿄의 디테일

초판 1쇄 발행 2018년 11월 27일 | 초판 9쇄 발행 2023년 8월 14일

지은이 생각노트

펴낸이 신광수
CS본부장 강윤구 | 출판개발실장 위귀영 | 디자인실장 손현지
단행본개발팀 김혜연, 조문채, 정혜리, 권병규
출판디자인팀 최진아, 김리안 | 저작권 김마이, 이아람
출판사업팀 이용복, 민현기, 우광일, 김선영, 신지애, 허성배, 이강원, 정유, 설유상, 정슬기, 정재욱, 박세화, 김종민, 전지현
CS지원팀 강승훈, 봉대중, 이주연, 이형배, 전효정, 이우성, 신재윤, 장현우, 정보길
영업관리파트 홍주희, 이은비, 정은정

펴낸곳 (주)미래엔 | 등록 1950년 11월 1일(제16-67호)
주소 06532 서울시 서초구 신반포로 321
미래엔 고객센터 1800-8890
팩스 (02)541-8249 | 이메일 bookfolio@mirae-n.com
홈페이지 www.mirae-n.com

ISBN 979-11-6233-983-1 (03320)

* 책값은 뒤표지에 있습니다.
* 파본은 구입처에서 교환해 드리며, 관련 법령에 따라 환불해 드립니다.
  단, 제품 훼손 시 환불이 불가능합니다.

book by PUBLY X Mirae N
《도쿄의 디테일》은 북 바이 퍼블리와 (주)미래엔이 협업하여
퍼블리(publy.co)의 디지털 콘텐츠를 책으로 만들었습니다.